Éloge pour
KINGDOM BUI

G000075555

Au travers de ses mots, Andrew a cett
et à vous équiper pour que vous puissiez faire ...
votre monde. Ce livre va non seulement impacter votre foi, mais il va
également vous donner une vision afin de vivre une vie d'influence
en servant Dieu et en construisant Son Royaume. Andrew a parlé
à plusieurs reprises dans notre église Hillsong France à Paris, Lyon
et en Suisse, à Genève. La sagesse qu'il nous a transmise a été très
précieuse et nous a beaucoup aidés dans notre parcours en tant
qu'église. Le livre d'Andrew est une lecture indispensable !

— **Brendan & Camille White,** Lead Pasteurs,
Hillsong Church France

Andrew a enfin mis dans un livre son cœur et sa passion pour
l'église locale et son bien-être financier. Je connais Andrew depuis
15 ans et durant toutes ces années, j'ai vu son cœur et sa passion, un
homme qui aime sa famille, un homme d'affaires avisé, un généreux
donateur pour le royaume et un homme à l'esprit vif. Sa passion
pour le financement du Royaume est contagieuse et il a apporté une
valeur ajoutée aux églises du monde entier grâce à son exemple, son
enseignement et sa révélation personnelle. C'est une chose d'écrire
sur ce que vous savez, c'en est une autre d'écrire à cause de qui vous
êtes et de ce que vous faites. Je peux certainement recommander
ce livre aux membres d'églises et pasteurs du monde entier. C'est
un excellent moyen pour construire sa foi et créer une manière de
penser qui libère des ressources pour construire le Royaume.

— **André & Wilma Olivier,** Pasteurs principaux,
Église Rivers Afrique du Sud

J'ai le plaisir de connaître Andrew et sa famille depuis 20 ans et j'ai toujours eu une grande admiration pour la façon dont toute leur famille a un si grand cœur pour faire avancer le Royaume de Dieu, y compris dans le domaine des finances. En tant que pasteurs locaux, nous avons vu Andrew exercer son ministère dans différents contextes. Qu'il s'agisse d'un prêche ou d'un accompagnement individuel, Andrew a joué un rôle essentiel dans la construction de notre église au fil des années. Je suis enthousiaste à l'idée de remettre ce livre entre les mains du plus grand nombre car je sais qu'il aidera les gens à réussir dans tous les domaines de la vie, ce qui a toujours été le désir d'Andrew.

— **Thomas & Katherine Hansen,** Lead Pasteurs,
Hillsong Church Denmark & Malmö

C'est un vrai de vrai. Andrew a fait ses preuves. Le connaissant depuis de nombreuses années, j'ai vu et expérimenté son amour pour Dieu et sa famille ainsi que sa mission inébranlable de financer et de construire le Royaume de Dieu par l'intermédiaire de l'église locale. Lisez, réfléchissez et appliquez ce qui est écrit ici ; vous en ressortirez grandis et meilleur.

— **Mark & Leigh Ramsey,** Pasteurs principaux,
Citipointe Church

Andrew a été une énorme bénédiction pour notre église. En tant que membre fidèle de longue date de l'église Hillsong, il porte en lui une perspective instructive, inspirante et libératrice sur ce que signifie le partenariat avec un pasteur en tant que Kingdom Builder. Je suis très enthousiaste à propos de ce livre !

— **Kevin & Sheila Gerald,** Pasteurs principaux,
Champions Centre Seattle

Je connais Andrew depuis de nombreuses années et j'ai personnellement pu le voir vivre sa vie avec la passion qu'il a d'enseigner aux autres. Où sa relation avec Dieu, sa famille et sa carrière se développe autour du but qu'il a trouvé en construisant l'église locale. Chaque fois qu'il a été avec nous en Suède, il a apporté une grande révélation à notre église sur l'intendance et la façon de construire une vie avec un but, que ce soit sur la plate-forme ou à travers les nombreuses conversations individuelles qu'il a avec les gens. Ce livre vous aidera de plein de manières différentes.

— **Andreas & Lina Nielsen,** Lead Pasteurs,
Hillsong Church Sweden

Je connais Andrew Denton depuis de nombreuses années et j'ai vu sa vie se dérouler comme un Kingdom Builder. Il vit le message de ce livre. Son engagement envers sa famille, son église, son entreprise et le Royaume est un modèle que nous devons tous suivre afin que notre héritage continue à vivre après nous.

— **Lee & Laura Domingue,**
Auteur de *Pearls of the King* et Fondateurs de Kingdom Builders US

Ce fut un réel privilège de connaître Andrew Denton depuis de nombreuses années et d'avoir la chance de voir le fruit de sa vie de mari et de père, ainsi que d'ancien dans notre église. Sa foi en ce que Dieu est capable de faire, sa passion pour l'église et sa vulnérabilité dans ce qu'il partage de sa vie ont été des bénédictions incroyables, que ce soit individuellement ou devant de nombreuses personnes. Je sais que l'authenticité qui est contenue dans ces pages aura un véritable impact sur les lecteurs et se traduira par des fruits incroyables dans leurs vies.

— **Chrishan & Danielle Jeyaratnam,** Pasteurs de Campus,
Hillsong Church Perth

J'ai l'honneur de connaître Andrew depuis de nombreuses années. Avec sa femme Susan, Andrew a vécu avec une passion inébranlable pour le Royaume, démontrée de nombreuses façons, en particulier par leur don de libéralité. Le livre d'Andrew vous inspirera et vous donnera les moyens de vivre et de construire maintenant pour l'éternité.

— **Paul & Maree DeJong,** Pasteurs principaux,
LifeNZ Nouvelle Zélande

Andrew Denton est l'un des meilleurs hommes que je connaisse. Il y a quelque chose d'absolument inspirant chaque fois que j'entends parler de ses humbles débuts en tant que plombier qui travaillait dur pour devenir le promoteur immobilier qu'il est aujourd'hui. Avec sa femme Susan, le parcours d'Andrew parle de courage, de détermination, de fidélité et de générosité sacrificielle. L'autre côté de son histoire est son obéissance à Dieu et c'est également cela qui l'envoie dans le monde entier pour équiper et encourager les gens à découvrir et à réaliser le potentiel que Dieu leur a donné. Notre peuple et notre église sont devenus meilleurs grâce à son investissement. Ils ont été mis au défi d'être fidèles avec peu, d'avoir reçu beaucoup, et d'aller de l'avant afin de construire le Royaume.

— **Mike & Lisa Kai,** Pasteurs principaux,
Inspire Church Hawaii

Andrew est l'un de mes meilleurs amis. Nous nous sommes rencontrés il y a environ 15 ans et nous avons noué une profonde amitié dès le début. En fréquentant « le Don », comme nous aimons l'appeler, on apprend vite que « ce que le Don dit, le Don le fait ». J'ai eu le privilège de voyager avec Andrew à plusieurs reprises lorsqu'il a partagé son étonnante histoire de "Kingdom Builders". J'ai également pu l'observer lors de rencontres individuelles alors qu'il écoutait et donnait de son temps, ses conseils et ses encouragements. Son cœur pour le Royaume de Dieu est incroyable et il travaille sans relâche pour aider les gens à trouver leur potentiel et leur but, comme il a certainement trouvé le sien. Ce livre est un outil formidable pour les pasteurs et les églises ; il inspirera et influencera de nombreuses personnes.

— **Paul & Lizzie Clout,** Fondateurs,
Paul Clout Design Australie

Il a été dit que le monde vous posera deux questions. Premièrement, qui êtes-vous (identité) ? Et deuxièmement, que faites-vous ici (but) ? Si vous n'avez pas de réponse, le monde vous le dira. Pendant de nombreuses années, je me suis senti comme un chrétien de second ordre. Alors que je connaissais mon identité en Jésus, j'ai lutté pour connaître mon but dans le monde des affaires. Andrew est un ami et un mentor très apprécié qui m'a aidé à réaliser mon appel donné par Dieu dans le Corps de Christ. Ce livre est destiné à la prochaine génération de chefs d'entreprise et de Kingdom Builders chrétiens ; pour les jeunes hommes et femmes qui rêvent d'être utilisés par Dieu et pour Dieu dans le monde des affaires. Vous vous identifierez à l'ouverture et aux problèmes, serez encouragés par ses victoires, inspirés par l'ouverture de votre cœur aux possibilités et équipés pour vivre l'appel que Dieu vous a donné dans le monde des affaires. Lisez-le et soyez à jamais transformé !

— **Peter & Clare Low,** Fondateurs, 100x

Andrew doit être l'un des hommes les plus inspirants que j'ai rencontré. Tout en lui est authentique et veut aider d'autres personnes à rêver de vivre pleinement leur potentiel. Quand je regarde le succès, ce n'est pas seulement une question de finances et de statut, mais une question d'ensemble : Dieu, la famille, les amitiés, l'amour et l'héritage. Pour moi, ça c'est Andrew Denton ! Sa vie et son histoire sont un chemin de foi, de liberté, et de vivre une vie plus grande et au-delà de lui-même en utilisant ce qu'il a dans ses mains afin d'être une bénédiction pour les autres et le Royaume de Dieu !

— **Brenden & Jacqui Brown,** Pasteurs de Campus,
Hillsong Church San Fransisco

Une rencontre avec Andrew Denton va changer votre vie comme elle a changé la mienne. Andrew apporte tellement de vérité, de sagesse et d'autorité lorsqu'il s'agit de la vraie vie sur le marché. Quel privilège de pouvoir bénéficier de l'expérience d'une personne qui vit une vie intentionnelle découlant d'une profonde relation avec Jésus.

— **Berend & Esther te Voortwis,** PDG,
crowdbutching.com

Je suis reconnaissant à Dieu de m'avoir permis de connaître Andrew Denton. En tant qu'hommes d'affaires, nous sommes doués pour nous focaliser sur le quoi et le comment mais souvent, nous oublions le pourquoi. Le message d'Andrew concernant la conduite de nos vies et de nos affaires selon les principes du Royaume, mais surtout - pour les besoins du Royaume - a changé ma perspective sur mon Dieu et m'a donné la vocation d'être un homme d'affaires.

— **David & Maren Reme,** PDG,
Reme Holdings AS Norvège

KINGDOM BUILDERS

COMMENT VIVRE UNE VIE QUI VA CHANGER UNE VISION EN RÉALITÉ EN ÉTANT COMPLÈTEMENT IMPLIQUÉ

Andrew Denton

Préface de Brian Houston

Première impression 2020
Catalogage – en – Données de publication disponibles

ISBN 978-1-922411-23-5 (livre de poche)
ISBN 978-1-922411-24-2 (ebook)

Couverture & design d'intérieur : Felix Molonfalean
Photographie de la couverture : Tony Irving
Traduction : Laeticia Balestrini

Pour Susan — *tu es vraiment un don de Dieu et la première Kingdom Builder dans ma vie. Ce livre n'est possible que grâce à ton amour, ta foi en Dieu et le fait que tu as cru en moi. Merci d'avoir dit « oui » à ce grand et laid Australien.*

Pour mes enfants — *vous êtes bénis afin de pouvoir être une bénédiction. Je sais que vous le savez et ma prière pour vous est que vous soyez toujours la tête et non la queue. Gardez la foi, restez sur ce chemin, et sachez que votre mère et moi vous aimons.*

Pour les Kingdom Builders tout autour du monde — *continuez à avancer. Continuez à servir. Continuez à aimer. Continuez à donner. Continuez à diriger. Et, restez « inoffençables ».*

« *Père, je prie aujourd'hui :*
Que ta volonté soit faite.
Tu as promis de guider mon chemin.
Aide-moi à faire des choix judicieux.
Mais accorde-moi ta faveur
avec les hommes. Amen. »

CONTENU

Préface de

———

BRIAN HOUSTON

Andrew Denton est le genre d'homme que tout pasteur veut dans sa congrégation.

Il est audacieux. Il est honnête. Il est digne de confiance. Il a une autorité spirituelle. C'est un bon mari, père et grand-père. Il dit à tout le monde qu'il n'est pas pasteur, mais il se soucie des gens et se donne autant, sinon plus, que n'importe quel autre pasteur que je connais.

Je me souviens encore du jour où nous étions assis tous les deux autour d'un café pendant la conférence Hillsong et qu'il m'a avoué qu'il ressentait l'appel à lever des Kingdom Builders dans le monde entier. Il avait à cœur de partager son histoire et de la laisser inspirer d'autres à faire de même. Il n'y avait aucune ambition dans son ton. Il n'essayait pas de se construire une plate-forme ou de se faire un nom. Il voulait simplement que les autres fassent l'expérience de la bénédiction qu'il a lui-même expérimenter en obéissant au Christ.

Lorsque je pense aux hommes, femmes et familles de

notre église qui représentent nos Kingdom Builders, le mot qui me vient à l'esprit est FIDÈLE. Des personnes qui, tout comme Andrew, reconnaissent la fidélité de Dieu dans leur propre vie et qui répondent fidèlement à son appel d'aimer leur prochain, à prendre soin des pauvres et à atteindre les extrémités de la terre avec la bonne nouvelle de l'Évangile de Jésus-Christ.

Les Kingdom Builders de notre église ont fait d'importants sacrifices personnels afin que la vision et la mission de notre église puissent faire des bonds en avant ; je ne sais pas où nous serions sans eux. Ils se dépassent. Ils croient que leurs vies peuvent jouer un rôle important dans ce que Dieu lui-même dit qu'il est en train de construire - son Église. Le fruit des âmes sauvées que nous voyons chaque semaine à l'église Hillsong est leur fruit aussi, porté par un cœur pour faire de Hillsong - leur lieu de plantation - une MAISON pour les autres.

Je crois que chaque pasteur a besoin d'un noyau d'hommes et de femmes comme celui-ci. Des gens qui aiment la Maison de Dieu. Des personnes qui s'engagent dans la vision de leur lieu de plantation, à faire confiance et à soutenir leur leadership et à gérer de façon divine ce qui leur a été donné.

Je ne peux que vous encourager à vous imprégner du message et des principes qu'Andrew partage. Si vous êtes pasteur, priez que Dieu vous apporte des Kingdom Builders afin de vous aider à faire avancer votre vision et à donner la gloire à Dieu. Si vous êtes un chef d'entreprise, un parent au foyer, un jeune qui vient de commencer l'université et finalement, peu importe ce que vous faites, je prie pour que Dieu vous parle personnellement du rôle que vous pouvez jouer, de l'endroit où il veut vous emmener et de la façon dont il veut utiliser votre vie pour servir le monde qui vous entoure.

Le Corps du Christ est rempli d'hommes et de femmes innovants qui font la différence et qui reconnaissent que les Kingdom Builders sont des bâtisseurs d'églises. Ils reconnaissent que leur vie va au-delà d'eux-mêmes. Ce sont des hommes et des femmes qui ont une révélation du BUT et de la CAUSE pour lesquels ils vivent. Je prie pour que, vous aussi, vous saisissiez cette révélation...

« Aimez l'Éternel, vous qui avez de la piété !
L'Éternel garde les fidèles... » (Psaumes 31:24 LSG)

Que Dieu vous bénisse, vous et votre famille.

— Brian Houston
Fondateur et Pasteur Mondial, Hillsong Church
Auteur du livre *Live, Love, Lead*

Conseil fraternel de

———

PHILL DENTON

Mes premiers souvenirs de mon grand frère, Andrew, se résumaient à deux choses : il travaillait toujours et il avait une barbe.

J'avais 10 ans lorsqu'il a quitté la maison, 27 ans lorsque nous avons monté une entreprise ensemble, et 20 ans plus tard, je ne peux pas m'imaginer faire des affaires avec quelqu'un d'autre. Ou faire quoi que ce soit d'autre de ma vie.

Nous avons tous les deux été bénis au fil des années et nous avons cherché à être une bénédiction pour les autres.

Ce livre est l'histoire d'Andrew. Au fil des ans, j'ai été à ses côtés et j'ai vu comment Dieu bénit les pas de foi que nous faisons.

Mon encouragement à tous les lecteurs est simple : vous pouvez faire quelque chose.

Vous pouvez donner. Peu importe la quantité. Tant que c'est un pas de foi ; quelque chose qui vous fait grandir.

Si vous y pensez, alors vous devez juste essayer. Alors croyez en vous, allez-y !

Nous espérons que ce livre vous aidera à faire le premier pas, en particulier si ce sujet ne vous laisse pas indifférent. Ce coup de coudes que vous sentez dans les côtes, c'est Dieu qui vous dit « Fais le pas »!

— Phill Denton
Membre du conseil, Hillsong Church
Kingdom Builder

UNE INVITATION POUR VIVRE UNE VIE EN ÉTANT « COMPLÈTEMENT IMPLIQUÉ »

Je tiens à commencer par une mise en garde : je n'ai jamais terminé l'école. Je ne suis qu'un plombier australien... avec des vêtements propres. Je n'ai rien de spécial à part le fait que j'ai choisi de devenir « complètement impliqué » avec Dieu.

C'est ce qui m'amène au but de ce petit livre : Je crois que j'ai été appelé à mobiliser un groupe de gens à devenir également « complètement impliqué » avec Dieu.

Des gens comme ma femme Susan et moi.

Des croyants qui ont choisi d'être fidèles avec ce que nous avons pour que Dieu puisse ouvrir les portes du ciel.

J'écris ce livre parce que je crois que Dieu est en train de lever une armée de Kingdom Builders dans le monde entier.

J'utilise le terme Kingdom Builders parce que nous ne sommes pas appelés à être des passagers du Royaume.

Nous ne sommes pas appelés à être des consommateurs du Royaume. Non.

Nous sommes appelés à être des Kingdom Builders !

Je connais une ou deux choses sur la construction, j'en ai fait toute ma vie !

Être un Kingdom Builder n'est pas une question d'intelligence, de compétences ou de statut social.

Ce n'est pas une question de situation financière.

Croyez-moi, ma femme et moi n'avions pas grand-chose lorsque nous avons fait notre premier pas de foi ! À l'époque, cela semblait impossible. Mais nous avons fait confiance à Dieu et Il nous a béni abondamment à maintes reprises.

Je crois sincèrement que nous sommes bénis afin d'être une bénédiction. Je n'ai pas toujours pensé de cette façon. Aujourd'hui, ma seule mission dans la vie est de partager cette simple vérité qui change la vie.

Dieu vous invite à aider à construire son royaume.

Oui.

Il vous appelle à être un Kingdom Builder. Être un Kingdom Builder est une question de foi.

Croire aux promesses de la Bible. Faire des choix judicieux. Et, suivre Dieu quotidiennement.

Je veux insister sur le quotidiennement. La foi est un aventure jour après jour avec Dieu.

Dans les pages qui suivent, je partage mon histoire et celle d'autres personnes qui ont entendu l'appel de Dieu à financer le Royaume. Des gens ordinaires, comme vous, qui ont réalisé la joie de ce que signifie vivre une vie généreuse. Des croyants qui ont fait le pas de décider de mettre Dieu à la première place dans tous les domaines de leur vie.

J'espère que vous vous joindrez à nous.

———

UNE FOI IDENTIQUE

Mon arrière-grand-père a été expulsé de l'église baptiste pour avoir été trop spirituel. C'était un simple commerçant comme moi qui a été radicalement sauvé. Grand-papa Denton a été mon premier exemple de ce que signifie devenir « complètement impliqué » en tant que croyant. Il prêchait au coin des rues de Sydney sur le seul vrai Dieu.

Je suis reconnaissant qu'il ait mis la famille Denton sur la bonne voie afin de voir plusieurs générations de croyants. Son fils, Sidney, mon grand-père, était pasteur. Mon père, Barry, l'était aussi. Du côté de ma femme, le christianisme remonte lui aussi à plusieurs générations. Nous avons donc un riche héritage chrétien.

Ma femme Susan et moi avons trois enfants : Jonathan, qui est marié à Kmy et qui nous a donné notre premier petit-fils, Dallas et notre petite-fille, Daisy ; Mitchell, qui est marié à Elisabetta ; et, notre fille, Anna, qui est marié à Ehsan, avec notre petite-fille, Sage.

Tous nos enfants sont à l'église et servent Dieu.

Je suis née en 1965 à Bowral, en Nouvelle-Galles du Sud, en Australie. Depuis 55 ans, je suis à l'église presque tous les dimanches. En grandissant, c'est tout ce que je connaissais. Être l'enfant d'un pasteur peut soit vous pousser à entrer directement dans le ministère, soit vous en éloigner complètement. Moi, j'ai choisi de surfer et de travailler !

Ne vous méprenez pas, j'adore les pasteurs. Mais je ne veux pas en être un ; et c'est toujours le cas !

Effectivement, voici ce que je dis au début de chaque message lorsque je parle des Kingdom Builders :

« Je ne suis pas un pasteur. Je ne suis pas un employé de Hillsong. Je ne suis pas un conférencier itinérant. Je ne fais pas ça pour gagner ma vie. Quatre-vingt-dix-neuf pour cent du temps, je suis assis dans la congrégation comme vous - parce que je suis vous ! »

La seule différence entre l'ancien Andrew et le nouveau, c'est qu'aujourd'hui je sais qui je suis ; je connais mon but dans la vie : financer le Royaume.

Je n'ai pas toujours pensé de cette façon. Ayant été élevé comme un enfant de prédicateur pentecôtiste dans les années soixante et soixante-dix, nous avons hérité d'une mentalité de pauvreté. Fondamentalement, la croyance était que si vous étiez riche, vous étiez louche ; l'argent était, sans aucun doute, la racine de tout mal ! Cet enseignement était tout ce que je connaissais.

Mon père a toujours eu une activité complémentaire pour compenser son salaire de pasteur. Je savais lorsqu'on arrivait en fin de mois parce que nous mangions des spaghettis toute la semaine pour le dîner.

Pourtant, quelque chose dans cette mentalité de pauvreté ne me convenait pas, mais à l'époque, je ne connaissais pas une autre vision des choses.

À la maison, l'église venait en premier et la famille en second.

En grandissant, je n'ai jamais excellé à l'école. En fait, je détestais ça et je manquais beaucoup de cours. L'océan était l'endroit où je me sentais le plus en paix, le plus accepté et le plus défié. J'ai été un surfeur toute ma vie. Je surfais avant l'école, après l'école et pendant l'école. De ce fait, dès que j'ai pu légalement quitter l'école, je l'ai fait.

Du haut de mes 15 ans, j'ai quitté mon éducation formelle pour entrer sur le marché du travail avec comme seul plan : obtenir un apprentissage dans un commerce.

Je n'avais aucune idée de ce que je voulais faire, alors je suis allé à la "Soirée Carrières" organisée à l'occasion d'une foire commerciale. Si je suis honnête avec vous, je dois vous avouer que je voulais obtenir le maximum en faisant le minimum.

Ce soir-là, je suis allé de table en table en posant une simple question :

« Combien me paieriez-vous ? »

La plomberie donnant le meilleur salaire d'apprenti, j'ai alors choisi de devenir plombier.

Pas de recherche. Pas de réflexion sur le futur. Juste ce qui payait le plus.

J'ai envoyé une poignée de CV à des employeurs potentiels et j'ai passé quelques entretiens avant de partir pour un long voyage de surf avec un de mes amis. Environ une semaine avant de rentrer chez moi, j'ai téléphoné à ma mère qui n'avait pas eu de mes nouvelles depuis des semaines. Je lui ai dit que je serais à la maison le mardi suivant.

Sa réponse a été assez directe et choquante : « Bien. Tu as un travail et tu commences mercredi ! ».

J'ai donc commencé ma vie professionnelle en tant qu'apprenti plombier.

Une chose que mon père m'a apprise est de travailler dur. Je lui en suis reconnaissant, mais je ne savais pas gérer mes finances. Ce n'est qu'à seize ans, lorsque j'ai rencontré ma petite amie et future épouse, Susan, que j'ai commencé à mieux comprendre l'importance des finances.

Je l'ai rencontrée à l'église un dimanche matin. Quelqu'un qui connaissait l'église de mon père l'a encouragée à venir. Je me souviens encore de ce qu'elle portait la première fois que je l'ai vue !

Dire qu'elle a impressionné ce grand et moche gaillard australien est peu dire ! Elle avait cette conviction inébranlable que Dieu avait tellement plus pour elle.

L'une des premières questions qu'elle m'a posées était : « Quel est ton plan sur cinq ans ? »

J'ai répondu : « C'est quoi un plan sur cinq ans ? »

Sur quoi, elle a renchéri : « Tu sais, tes objectifs et tes rêves pour l'avenir."

Je suis resté assis là, à la fixer. Je n'avais jamais réfléchi plus loin que le week-end suivant. Je ne savais pas quoi dire !

La seule réponse qui me vint à l'esprit fut : « J'aimerais une belle voiture ! ».

Susan était choquée. Elle n'arrivait pas à croire que je n'avais jamais rêvé de posséder ma propre entreprise ou ma propre maison. Toutes ce dont elle rêvait depuis qu'elle avait dix ans !

Susan m'a beaucoup enseigné sur les finances. Elle a toujours été quelqu'un qui épargnait.

En fait, lorsque je l'ai rencontrée, elle en était à son premier arrêt d'un tour du monde qu'elle avait planifié en économisant son argent de poche depuis sa plus tendre enfance ! Elle s'est dit qu'elle devait se lancer dans cette grande aventure avant d'acheter sa première maison en Nouvelle-Zélande. En effet, comme l'achat d'une maison est une dépense importante, elle savait qu'elle serait enfermée et ne ferait rien d'autre que travailler. De ce fait, elle a décidé de partir d'abord en Australie avec un « Working Holiday Visa » (visa de travail à court terme).

Cette coiffeuse néo-zélandaise diplômée de dix-neuf ans a croisé le chemin de ce grand gaillard australien qui pouvait travailler dur mais n'avait aucun projet d'avenir.

Deux ans plus tard, nous avons acheté notre première maison ensemble. Susan a fourni la plus grande partie de l'acompte que j'ai co-signé car à l'époque il fallait un homme pour obtenir un prêt hypothécaire. J'avais tout juste dix-huit ans et j'étais en troisième année d'apprentissage à l'époque mais Susan voyait plus loin, elle voyait ce que Dieu était en train de faire.

J'ai vécu dans cette petite maison en briques rouges de la rue Nattai avec une bande de copains pendant les deux ans qui ont suivi, jusqu'à notre mariage. Le jour de notre premier anniversaire de mariage, nous avons appris que Susan était enceinte. La vie est soudainement devenue très dure. Je suis resté sans voix lorsqu'elle m'a appris la nouvelle ! Pour la première fois de ma vie, j'ai réalisé que j'étais responsable de quelqu'un d'autre.

Jonathan est né et nous n'avions plus qu'un seul salaire. Les taux d'intérêt en Australie ont atteint un niveau historique en 1987, environ 18 %. J'avais la tâche monumentale de subvenir aux besoins de ma famille. J'ai alors fait ce que mon père m'avais appris : travailler dur.

Pendant les dix ans qui ont suivi, j'ai travaillé sans arrêt ; je n'ai jamais eu peur du travail.

Six jours par semaine ? Pas de problème. Des journées de dix-huit heures ? Andrew s'en occupe.

Je ne regrette pas ces débuts. J'ai appris à être fidèle et à tenir mes promesses.

Alors que j'avais 21 ans, nous avons eu la visite d'un prophète à l'église de mon père. Je connaissais ce type depuis mon enfance et je l'avais déjà entendu prêcher à maintes reprises. De ce fait, je ne m'attendais à ce qui était sur le point de se passer.

Il a d'abord parlé à la congrégation et a ensuite prophétisé sur moi. Il a prophétisé sur le "manteau du ministère" qui était sur mon père le pasteur, sur mon grand-père le pasteur, et même sur mon arrière-grand-père. Il a prophétisé que "leur manteau" était le même que celui qui était sur moi.

Il a également prophétisé que mon ministère ne serait pas faisable pour tout le monde.

Dire que j'ai été choqué est peu dire !

Je savais que je ne voulais pas être pasteur. Je n'étais donc pas d'accord avec lui sur ce détail. Mais, quel était cet autre ministère ?

N'est-ce pas être pasteur le seul ministère ? Que pouvait-il vouloir dire d'autre ? J'étais confus. J'ai mis cette prophétie dans un coin de ma tête et je l'ai oubliée.

La prochaine étape de ma vie consistait à travailler à temps plein comme plombier en tant qu'employé, pour ma propre entreprise ainsi que pour une entreprise de marketing.

Du travail, du travail et encore du travail. C'est tout ce que je faisais.

Cela me brise le cœur de l'admettre, mais nous n'avons pas eu de vacances en famille durant huit ans.

Pendant cette saison de vie, je suis devenu un homme très ennuyeux, fatigué et déprimé. J'allais toujours à l'église avec ma famille et je chantais les chants de louange mais j'étais mort à l'intérieur.

Je n'oublierai jamais le jour où je suis arrivé à la maison à cinq heures de l'après-midi pour me doucher et manger un peu avant de retourner travailler. Susan m'a alors lancé : « Tu sais que je suis une mère célibataire avec trois enfants, n'est-ce pas ? »

Dans mon ignorance et pour ma défense, j'ai dit :

« Quelle remarque stupide ! Bien sûr que non, tu n'es pas une mère célibataire. Je suis ton mari ! ».

Elle m'a répondu : « Cela ne change rien au fait que je suis une mère célibataire avec trois enfants ».

Je lui ai répondu : « Ben, je suis là, n'est-ce pas ? ».

Et elle m'a répondu : « Tu n'es jamais là, Andrew. Tu ne fais que travailler, travailler, travailler ! ».

A ce moment-là, je suis franc fou, j'ai dépassé le stade de la colère et je réplique : « Je le fais pour la famille. ».

« Quelle famille ? » dit Susan. « Andrew, il faut que quelque chose change ! »

Je suis sorti de la maison en claquant la porte d'entrée, j'ai sauté dans ma voiture et je suis parti. Je n'ai fait que quelques kilomètres sur la route avant de devoir m'arrêter. Je pleurais à cause de ce qui venait de se passer. De grosses et horribles larmes.

J'étais en colère et bouleversé.

Je ne voulais pas en être là dans ma vie. J'étais un vrai bourreau de travail en train de perdre ma famille.

Je n'avais pas de but. Je n'avais pas de véritable « pourquoi » derrière mes choix quotidiens. J'ai réalisé que je ne faisais que subvenir aux besoins financiers de ma famille et que je n'étais pas très doué pour cela. Je travaillais tellement que j'avais perdu ma place auprès d'eux. Je n'étais pas un père et mari présent.

Alors que j'étais assis dans ma voiture au bord de la route, les larmes coulant le long de mes joues, j'ai réalisé que j'avais besoin d'aide.

J'ai alors fait demi-tour et je suis rentré directement auprès de Susan. Je lui ai demandé pardon pour mes actes et pour ma façon de vivre. Elle m'a alors suggéré d'aller parler à un pasteur de notre église.

Je savais qu'elle avait raison, mais je détestais ce qu'elle me demandait de faire. Jusque-là, je considérais la relation d'aide comme étant pour les personnes faibles. Malgré tout, j'ai ravalé ma fierté et je suis allé demander de l'aide.

Parler à l'un de nos pasteurs était de l'or en barre ! Il m'a dirigé vers Jésus et m'a conseillé de lui demander de me guider dans ma vie et de me dire quels changements spécifiques je devais faire.

J'ai donc commencé à prier et à chercher Dieu comme je ne l'avais jamais fait auparavant.

Quelques semaines plus tard, j'ai participé à un camp pour hommes que mon église, Hillsong, organisait. C'est là que mon pasteur, Brian Houston, a prêché un message sur la « Foi du centurion » de Matthieu 8:5-13.

J'étais assis au premier rang. Pas parce que j'étais spécial. Parce que j'étais enthousiaste ; ouvert et prêt à apprendre.

À cette époque, nous étions la plus grande église d'Australie, quatorze ans après notre début, avec des milliers de membres et... pas de bâtiment.

Maintenant, laissez-moi vous dire quelque chose sur l'église Hillsong. Pasteurs Brian et Bobbie Houston ont été les pionniers de cette église, qui est passée d'une salle d'école en 1983 à la congrégation mondiale florissante qu'elle est aujourd'hui. Mais il n'a jamais été question de chiffres.

Ils ont utilisé toutes les ressources dont ils disposaient pour construire la communauté. La richesse de notre église - je le répéterai tout au long de ce livre - c'est les GENS.

Il ne s'agit pas d'avoir des bâtiments pour se procurer la dernière technologie ou pour y étaler notre prestige et notre gloire. Ils servent à abriter l'œuvre de Dieu et permettre aux gens de trouver une communauté, des amitiés et, par-dessus tout, une relation avec Jésus.

Nous utilisions tous les moyens dont nous disposions pour nous rassembler et grandir – des salles d'école et des centres communautaires – mais nous étions toujours à la merci d'un propriétaire. Nous passions des heures à faire du bénévolat, à entrer et sortir des différents lieux, au lieu de construire notre avenir.

Cela a frustré un visionnaire tel que Pasteur Brian. Notre église était remplie de fidèles, des gens ordinaires et des travailleurs acharnés, non des riches millionnaires. La solution semblait impossible. C'est en cette saison que Dieu a dit à Pasteur Brian qu'il ne s'agissait pas de trouver une ou deux personnes riches pour porter la charge, mais d'élever toute une génération d'hommes et de femmes généreux-euses qui porteraient la vision à long terme, qui seraient convaincu que Dieu veut aussi les bénir afin qu'ils soient une bénédiction.

C'est alors que Dieu lui a soufflé un message sur l'histoire de la foi du centurion. Et c'est pendant ce camp d'hommes, que Pasteur Brian a prêché ce message. Juste au moment où j'étais à un point de rupture dans ma propre vie.

C'est une histoire célèbre. Voici ma version paraphrasée : Le centurion vient à Jésus et lui demande de guérir son serviteur. Jésus lui répond : « Bien sûr, allons chez toi et guérissons ton serviteur. »

Le centurion réplique : « Attends, Jésus. Tout d'abord, je ne suis pas digne que tu viennes chez moi. Et ensuite, tu n'as même pas besoin de te déplacer jusqu'à chez moi. Tu n'as qu'à dire un mot et mon serviteur sera guéri. »

La Parole nous dit que Jésus était étonné de la foi de cet homme.

Le Centurion dit : « La foi ? Cela n'a rien à voir avec la foi. C'est une question d'autorité. Je suis un homme d'autorité. Et, je suis aussi sous l'autorité de quelqu'un. Je dis à cet homme : "Va là-bas". Il y va. N'es-tu pas le même, Jésus ? Tu es un homme d'autorité. Alors, dis juste un mot et mon serviteur sera guéri. »

Pasteur Brian souligne dans son message que le centurion avait cent hommes sous son autorité qui feraient tout ce qui est nécessaire, non pas comme des robots, mais comme des participants volontaires pour la cause de Rome.

Pasteur Brian dit alors : « Les gars, c'est incroyable. En tant que votre Pasteur Mondial, j'ai trouvé ce dont j'ai besoin. J'ai besoin de cent hommes qui feront tout ce qui est nécessaire pour le bien du Royaume, non pas comme des robots, mais comme des participants volontaires pour la cause du Christ. La première chose que je vais demander à ce groupe est de collecter un million de dollars en plus de la dîme normale et des offrandes. »

Lorsque j'ai entendu Pasteur Brian prononcer ces mots, c'était comme un coup de poing : « C'est moi ! » - mon cœur n'a fait qu'un bond !

Je n'avais aucune idée de la façon dont j'allais réunir l'argent. Je suis tout de suite allé vers Pasteur Brian et en balbutiant, lui ai dit : « Je suis partant ».

Il m'a regardé et je suis sûr qu'il s'est dit : « Wow, c'est gentil, Andrew. Ça promet d'être intéressant ! ». En effet, à ce stade, ma vie était en chantier.

J'ai réuni quelques gars autour de pasteur Brian ce soir-là. Nous avons prié pour lui et c'est ainsi que les Kingdom Builders ont commencé.

C'était en 1996 ; ce jour-là reste un jour qui marqua mon histoire et dans celle d'Hillsong à tout jamais.

Si vous vous y connaissez en matière d'église et de

finances, les dîmes et les offrandes hebdomadaires sont ce qui permet de garder les lumières allumées et, espérons-le, de payer le pasteur. Ce sont les offrandes « supplémentaires », qui aident l'église à faire des pas de géant, à acheter des bâtiments, à créer des campus satellites et à répandre l'Évangile dans le monde entier.

En 1997, la première offre des Kingdom Builders est arrivée.

La première année, Dieu nous a dit, à Susan et à moi, de faire un chèque de 5'000 dollars. Cela aurait pu tout aussi bien être 5'000'000 de dollars. À l'époque, j'avais deux emplois et je dirigeais une autre entreprise à domicile. Cette année-là, j'ai également renoncé au travail de nuit afin de passer du temps avec ma famille.

Et vous savez quoi ? On a fait ce chèque. D'une certaine façon, avec moins, Dieu nous a béni en nous donnant plus.

C'était un acte de foi pour nous, en tant que famille. Mais Susan et moi savions que c'était ce que Dieu nous appelait à faire.

La première année où nous avons fait ce pas de foi, nous avons changé beaucoup de choses dans notre vie. C'était effrayant, mais aussi très excitant. C'était la première année où je n'ai pas compté sur Andrew. C'était incroyable ! À la fin de l'année, nous avions ces 5'000 dollars à déposer dans l'offrande.

Alors j'ai dit à ma femme : « On recommence."

Je me souviens très bien avoir inclus les enfants dans cette aventure. Je leur ai dit : « L'année dernière, nous avons donné 5'000 dollars. Cette année, nous allons en donner 15'000. »

À l'époque, nous conduisions une voiture de 10'000 dollars. L'une des choses que j'ai faites pour me donner plus de moyens, était de vendre ma belle voiture et d'en acheter une moins chère. C'était bon pour mon ego et je l'ai également fait parce que j'avais besoin de vivre avec une nouvelle conviction : l'opportunité vient à ceux qui se préparent.

J'ai ajusté mon agenda afin d'avoir plus de temps dans ma vie. J'ai "rajouté" de la capacité dans mes finances. J'ai dû ravaler ma fierté, mais à la fin de l'année, j'ai pu faire un chèque de 15'000 dollars.

Je me souviens très clairement m'être dit sur le parking de l'église : « C'est encore effrayant. Il faut exactement la même foi pour donner 15'000 dollars que pour donner 5'000 dollars ».

C'était incroyable !

Seulement deux ans plus tard, nous avons fait un chèque de 80'000 dollars. Deux ans après cela, nous en avons fait un de 240'000 dollars. C'était époustouflant !

Pendant dix ans, je me suis battu pour survivre, j'ai compté sur Andrew et j'ai échoué dans tous les domaines de ma vie. Nous voilà, quelques années plus tard, et la seule chose que nous avions faite différemment était de répondre à cette question : « Faisons-nous confiance à Dieu ou pas ? »

Nous étions soit « complètement impliqué » soit « complètement désengagé ».

Quelques années plus tard, nous étions en train de rédiger un chèque de 240'000 dollars.

Pourquoi ?

Parce que nous avions choisi de devenir « complètement impliqué » et de croire les promesses que Dieu nous a données.

Jusqu'au moment où nous avons fait le chèque de 5'000 dollars, Susan et moi n'avions été que des « donateurs de dîmes ». Après avoir choisi de franchir la ligne et de donner de manière sacrificielle, Dieu a libéré des nouvelles perspectives dans nos vies.

Le chèque de 5'000 dollars a été utilisé pour la construction du premier bâtiment Hillsong. Susan et moi étions là, tout devant, quand il a ouvert. Ce soir-là, une prophétie a été donnée selon laquelle, dans le futur, Hillsong verrait plusieurs millions de dollars en chèques.

Les Australiens peuvent s'emballer quand il faut et il y eu une ovation. Elle a duré longtemps ! Je le sais parce que j'ai eu une conversation avec ma femme pendant ce temps-là.

Je me souviens avoir dit : « C'est dingue ! »

Susan m'a dit : « Ne serait-ce pas génial si les gens ordinaires de notre église pouvaient participer, et pas seulement les millionnaires qui sont sauvés ? »

Je me souviens m'être dit : « C'est ridicule. C'est au-dessus de ce que tu peux demander, penser ou imaginer. Ça c'est complètement fou ! »

Mais le Saint-Esprit a parlé à travers Susan cette nuit-là. Je ne pense pas qu'elle savait. Je n'avais certainement pas la moindre idée qu'en huit ans, mon frère Phillip, sa femme Melissa, Susan et moi, ensemble, allions être à même de signer un chèque de 1'000'000 de dollars de notre entreprise.

Était-ce effrayant ?

Absolument.

Était-ce réjouissant ?

Incroyablement.

Mais pas plus effrayant ou réjouissant que lorsque nous avons écrit le chèque de 5,000 dollars. Parce que cela nous demandait la même foi.

Quand mon frère, Phill, et moi tenions ce chèque de 1'000'000 de dollars, je me souviens avoir dit : « Ne déposons pas ça dans le récipient d'offrande au cas où ils le perdraient. Prenons rendez-vous avec Pasteur Brian. »

Quand on le lui a remis, il m'a regardé droit dans les yeux et m'a dit : « Tu sais, je ne vais pas te traiter différemment des autres. »

J'ai répondu : « Bien. En fait, s'il te plaît, ne dis à personne qui a donné ce montant parce qu'à un moment donné ce week-end, un autre couple va donner 5'000 dollars et il va leur falloir exactement la même foi ».

Et, chaque année, nous continuons à faire des pas de foi. Les chèques d'aujourd'hui comportent plus de zéros, mais cela nous demande la même foi que lorsque nous avions donné 5'000 dollars. Exactement la même foi.

Au cours des six dernières années, Dieu m'a emmené partout sur la planète pour lever des personnes qui deviendront « complètement impliquées » ; Des Kingdom Builders qui financeront la cause du Christ. Des hommes et des femmes qui se sacrifieront et donneront délibérément pour faire avancer le Royaume.

Peut-être que vous êtes comme moi en 1996 ?

Perdu. Fatigué. A la recherche d'un but.

J'oserai dire que votre but est d'aider votre église

locale au-delà de ce que, même votre pasteur principal, peut demander, penser ou imaginer.

Susan et moi avons eu la chance d'être une bénédiction. La même vocation et la même opportunité sont les vôtres.

Les pages qui suivent vous aideront, espérons-le, à trouver le courage de répondre à l'appel de financer le Royaume.

J'ai divisé le livre en trois parties : Les principes, les partenaires et la pratique.

La première partie vous aidera à comprendre, d'un point de vue biblique, ce que signifie être un Kingdom Builder. La deuxième vous aidera à comprendre et à identifier l'équipe dont vous aurez besoin autour de vous pour être fidèle. Et enfin, la dernière partie est un guide pratique pour vous aider à démarrer et à continuer quoi qu'il arrive.

Comme je le dis aux gens du monde entier qui me demandent si « Kingdom Builders » est exclusif :

Je réponds toujours : « Oui, c'est exclusif. Mais tout le monde est invité ».

Choisirez-vous d'être un Kingdom Builder ?

J'espère que oui. Ce n'est pas facile. Cependant, c'est incroyablement simple. Il vous suffit de vous abandonner à Dieu.

Voici comment...

———

PREMIÈRE PARTIE

LES PRINCIPES

LE MINISTÈRE DE QUOI ?

———

Comme je l'ai dit dans le premier chapitre, je ne suis pas un pasteur.

Mon ministère n'est pas de guider les gens ni de diriger la louange depuis la plate-forme.

Mon ministère est de financer le Royaume.

Et il est facile pour moi de faire confiance à mon pasteur et de jouer ma part.

Nous avons tous les deux été appelés au ministère.

En 29 ans à l'église Hillsong, je n'ai jamais assisté à un service religieux où personne n'a été sauvé. J'ai participé à toutes sortes de services dans le monde entier et j'en ai vu les fruits.

Il n'est donc pas difficile de faire un chèque ni de faire des sacrifices.

Il n'est pas difficile de mettre les autres au défi à faire de même.

Dieu me demande simplement d'être celui qui donne. Dieu me demande de pourvoir. De ne pas donner avec des conditions. De ne pas être sélectif pour quoi l'argent est utilisé. Mais de donner fidèlement et de le croire sur parole.

Dieu me demande de participer volontairement. Je n'ai pas mon mot à dire. Vous non plus.

Quand je parle du ministère de financer le Royaume, je parle de participer activement et de donner à ce qui va permettre à l'Eglise d'avancer.

L'offrande qui va au-delà des attentes.

Pas seulement les dîmes et les offrandes normales, qui permettent de garder la lumière allumée et payer le pasteur. C'est facile. Ce sont les dons supplémentaires qui font la plus grande différence dans le Royaume.

Je suis étonné de voir combien de personnes ne font pas confiance à Dieu avec leurs finances.

La triste vérité, c'est que les gens ne donnent pas la dîme. Je l'ai vu à maintes reprises à travers le monde. Les gens ont trop peur de rendre 10% à Dieu ; ce qui est le minimum demandé par Dieu.

Ce manque de foi empêche l'Église de faire des pas de géant. Cela empêche par exemple d'ouvrir des nouveaux campus à travers la ville, et encore, à travers le monde.

C'est l'argent « au-delà des attentes ». L'offrande sacrificielle.

En tant qu'homme d'affaires, j'aime voir l'impact de mes actions. Je n'ai pas besoin de regarder plus loin que mes propres enfants pour voir l'impact de mes dons. Tout ce que nous avons donné à l'église - chaque dollar, chaque heure, chaque sacrifice - en a valu la peine. Simplement à cause de l'impact que nos dons ont eu sur notre famille.

Cela en vaut totalement la peine.

LE NOYAU DU NOYAU

Nous avons cette offrande appelée *Un Cœur pour la Maison (Heart for the House)* à Hillsong. C'est à cette occasion que les dons des Kingdom Builders culminent chaque année. Après notre offrande de 2014, je suis allé parler au directeur financier d'Hillsong en Australie parce que je voulais savoir quel était l'impact des Kingdom Builders sur le pourcentage global de l'offrande *Un Cœur pour la Maison.*

Il lui a fallu trois semaines pour calculer ce chiffre. Je suppose que c'est parce qu'il a dû vérifier, vérifier et revérifier les chiffres. Quand il m'a appelé dans son bureau, il avait ses deux comptables principaux à ses côtés pour appuyer ses propos.

Ce qu'il a trouvé m'a époustouflé.

La grande surprise est que le plus haut pourcentage de cette offrande - 70 % - a été donné par un petit groupe de personnes, fidèles et généreuses - les Kingdom Builders. Des gens qui ont eu une révélation de ce que leur générosité peut faire dans leur vie et dans celle des autres lorsqu'ils choisissent de devenir le canal de cette bénédiction.

Maintenant, vous lisez peut-être ceci et vous vous dites : « Je ne suis pas millionnaire ».

Eh bien, nous non plus quand Susan et moi avons fait notre premier chèque. C'est pourquoi l'engagement minimum de donner pour être un Kingdom Builder est de 5 000 dollars.

Vous voyez, être un Kingdom Builder n'est pas une

question de montant. C'est une question de cœur. Il s'agit de donner de manière sacrificielle au-delà des dîmes et offrandes habituelles.

On me demande tout le temps : « Les Kingdom Builders ne sont-ils pas exclusifs ? »

Et je réponds : « Absolument. C'est juste ouvert à tout le monde. ». C'est un peu comme demander qui peut tenir le micro sur la plate-forme pendant la louange et le service un dimanche. L'équipe créative est ouverte à tous. Vous venez et vous servez. Vous faites vos preuves. Et, vous n'avez même pas besoin d'être le meilleur chanteur pour diriger la louange. Il suffit d'avoir la meilleure attitude de cœur.

Kingdom Builder est une attitude de cœur.

Ce sont des personnes engagées qui ont décidé de faire passer Dieu en premier dans tous les domaines de leur vie.

LA PARABOLE DES TALENTS

Dans les évangiles, Jésus raconte une histoire sur le genre de personne qu'il recherche pour construire son royaume. Lorsqu'il parle du Royaume de Dieu, Jésus dit :

> « Un homme part en voyage. Il appelle ses serviteurs et leur confie ses richesses. Il donne à chacun selon ce qu'il peut faire. Il donne à l'un 500 pièces d'or, à un autre 200, à un troisième 100, et il part. Le serviteur qui a reçu les 500 pièces d'or s'en va tout de suite faire du commerce avec cet argent et il gagne encore 500 pièces d'or. Celui

qui a reçu les 200 pièces d'or fait la même chose et il gagne encore 200 pièces d'or. Mais celui qui a reçu les 100 pièces d'or s'en va faire un trou dans la terre et il cache l'argent de son maître.

Longtemps après, le maître de ces serviteurs revient. Il leur demande ce qu'ils ont fait avec son argent. Le serviteur qui a reçu les 500 pièces d'or s'approche et il présente encore 500 pièces d'or en disant : « Maître, tu m'as confié 500 pièces d'or. Voici encore 500 pièces d'or que j'ai gagnées. » Son maître lui dit : « C'est bien. Tu es un serviteur bon et fidèle. Tu as été fidèle pour une petite chose, je vais donc te confier beaucoup de choses. Viens et réjouis-toi avec moi. » Le serviteur qui a reçu les 200 pièces d'or s'approche et il dit : « Maître, tu m'as confié 200 pièces d'or. Voici encore 200 pièces d'or que j'ai gagnées. » Son maître lui dit : « C'est bien. Tu es un serviteur bon et fidèle. Tu as été fidèle pour une petite chose, je vais donc te confier beaucoup de choses. Viens et réjouis-toi avec moi. » Enfin, celui qui a reçu les 100 pièces d'or s'approche et il dit : « Maître, je le savais : tu es un homme dur. Tu récoltes ce que tu n'as pas semé, tu ramasses ce que tu n'as pas planté. J'ai eu peur et je suis allé cacher tes pièces d'or dans la terre. Les voici ! Tu as ton argent. » Son maître lui répond : « Tu es un serviteur mauvais et paresseux ! Tu le savais : je récolte ce que je n'ai pas semé, je ramasse ce que je n'ai pas planté. Donc tu devais mettre mon argent à la banque. De cette façon, à mon retour, je pouvais reprendre l'argent avec les intérêts ! Enlevez-lui donc les 100 pièces d'or. Donnez-les à celui qui a 1 000 pièces d'or. Oui, celui qui a quelque chose, on lui donnera encore plus et il aura beaucoup plus. Mais celui qui n'a rien, on lui enlèvera même le peu de chose qu'il a ! Et ce serviteur inutile, jetez-le dehors dans la nuit. Là, il pleurera et il grincera des dents »

(Matthieu 25:14-30)

Il y a quelques principes clés que nous pouvons tirer de ce passage.

Tout d'abord, Jésus recherche des personnes qui sont prêtes à prendre des risques sur le plan financier. Des croyants qui n'ont pas peur de faire confiance à Sa Parole et de prendre des risques sains pour la Cause du Christ.

Nous pouvons également voir dans cette histoire que Dieu recherche des partenaires. Des participants volontaires. Des gens qui cherchent un but comme je le faisais en 1996.

Trop de chrétiens sont des spectateurs. Dieu recherche des participants actifs.

Des gens en qui Il peut avoir confiance, indépendamment de leurs capacités ou de leur revenu. Les deux premiers serviteurs ont investi ce qui leur avaient été confié, mais le troisième n'a pas cru aux promesses de Dieu.

Ne faites pas abstraction de ce simple principe du Royaume : lorsque vous investissez dans ce que Dieu vous donne, cela s'agrandit. Lorsque vous agissez en fonction de ce qu'Il vous a ordonné de faire, Il bénit.

Malheureusement, nous voyons aussi ce qui arrive à ceux qui vivent une vie remplie de peur comme le troisième serviteur.

Ce que vous avez vous est enlevé. Pire encore, votre

manque de foi vous coupe de la véritable communauté.

C'est ce qui est étonnant chez les Kingdom Builders, c'est qu'ils sont "le noyau du noyau" de l'église. Il y a un noyau dans chaque église. En général, 25 à 30 % des membres servent activement et donnent peut-être même leur dîme. Mais, ce sont les 1% qui font la différence ; ce sont les Kingdom Builders qui sont « complètement impliqués ».

À Stockholm, en Suède, quand j'ai aidé à lancer Kingdom Builders il y a six ans, ils étaient sur le point de perdre leur bâtiment. Cinq ans plus tard, ils ont six campus et possèdent deux propriétés.

Pourquoi ?

Le noyau du noyau, les Kingdom Builders, s'est renforcé.

Aujourd'hui, les Kingdom Builders représentent près de 10 % de l'ensemble de leur congrégation. L'église de Stockholm est devenue l'exemple type de l'impact que peuvent avoir ces derniers.

ALORS, VOUS VOULEZ DEVENIR UN KINGDOM BUILDER ?

J'ai beaucoup parlé de finances dans ce premier chapitre, mais laissez-moi être clair : être un Kingdom Builder n'est pas une question d'argent.

La première exigence pour être un Kingdom Builder c'est de prendre la décision de faire passer Dieu en premier dans tous les domaines de votre vie.

Brûler vos vaisseaux. Se débarrasser de la complaisance. Franchir la ligne. Devenir « complètement impliqué » avec Dieu. Un pas de foi sans retour (ce qui n'est pas pour les faibles) !

Il s'agit de faire confiance à toutes les promesses de Dieu. Et croire que chacune de ces promesses est faite pour vous.

Est-ce que c'est facile ?

Non.

Est-ce que ça en vaut la peine ?

Absolument !

La deuxième exigence pour être un Kingdom Builder est de croire en la vision de l'église. Peu importe l'église dont vous êtes membres, vous devez soutenir pleinement l'avenir de votre communauté de foi.

La troisième condition pour être un Kingdom Builder est de dire dans votre cœur, « Pasteur, je suis derrière vous. » Vous devez soutenir le leader de votre communauté. Vous devez vous battre avec lui et pour lui.

Je n'ai pas toujours été d'accord avec mon pasteur, mais je l'ai toujours soutenu. Et il sait qu'il peut compter sur moi.

D'après mon expérience personnelle et de ce que j'ai vu dans la vie des autres Kingdom Builders, l'argent découle de la décision de remplir ces trois exigences. Mais il faut d'abord avoir le cœur bien accroché !

Un jour, alors que je parlais à un événement des Kingdom Builders, un jeune homme m'a approché à la fin de mon discours. Je l'ai regardé, il était couvert de tatouages de la tête aux pieds. Je l'ai reconnu comme avoir été un participant à One80TC, un programme de réhabilitation pour les personnes souffrant de toxicomanie et d'alcoolisme ; il venait de sortir de prison et il avait commencé le collège biblique ; il était en train de changer de vie.

Il s'approche de moi avec un grand sourire et je me souviens avoir pensé qu'il allait me dire : « Oui, merci, Andrew. Mais je ne peux pas faire ça ».

Au lieu de cela, il me dit : « Andrew, je suis partant. J'ai calculé et si j'abandonne le café, je suis à mi-chemin des 5'000 dollars ».

Je lui ai répondu : « Mon pote, c'est la bonne réponse. C'est la bonne attitude. La question n'est pas de chercher pourquoi tu ne peux pas le faire, mais des raisons pour le faire. »

Quand on y pense, en tant qu'ex-toxicomane, la seule chose qui lui restait était probablement le café ! Et honnêtement, je ne pense pas que beaucoup de gens soient prêts à y renoncer. Mais il était tellement ému d'abandonner ce dernier fief pour dire « oui » à quelque chose de plus grand que lui.

Voici un homme qui a été sauvé de beaucoup de choses. Il était destiné à la prison. Personne ne se porte bien lorsqu'il va en prison. Ils n'en sortent pas mieux, ils en sortent pire. Mais il a eu la chance que le juge le condamne à aller en cure de désintoxication. Et, c'est là qu'il a trouvé Jésus.

Aujourd'hui, c'est un homme marié, sans dette, nouveau propriétaire, qui sert activement et qui donne.

C'est l'attitude de cœur que Dieu recherche. C'est le cœur d'un vrai Kingdom Builder.

TOUTES CHOSES

Le passage principal que Dieu a utilisé durant ce cheminement de Kingdom Builder se trouve dans l'Évangile de
Matthieu :

> « C'est pourquoi je vous dis : ne vous inquiétez pas
> en vous demandant : « Qu'allons-nous manger ou
> boire ? Avec quoi allons-nous nous habiller ? « La
> vie ne vaut-elle pas bien plus que la nourriture ?
> Et le corps ne vaut-il pas bien plus que les vête-
> ments ? Voyez ces oiseaux qui volent dans le ciel,
> ils ne sèment ni ne moissonnent, ils n'amassent
> pas de provisions dans des greniers, et votre Père
> céleste les nourrit. N'avez-vous pas bien plus de
> valeur qu'eux ? D'ailleurs, qui de vous peut, à force
> d'inquiétude, prolonger son existence, ne serait-ce
> que de quelques instants ?
>
> Quant aux vêtements, pourquoi vous inquiéter à
> leur sujet ? Observez les lis sauvages ! Ils poussent
> sans se fatiguer à tisser des vêtements. Pourtant, je
> vous l'assure, le roi Salomon lui-même, dans toute
> sa gloire, n'a jamais été aussi bien vêtu que l'un
> d'eux ! Si Dieu habille ainsi cette petite plante des
> champs qui est là aujourd'hui et qui demain sera
> jetée au feu, à plus forte raison ne vous vêtira-t-il
> pas vous-mêmes ? Ah, votre foi est bien petite !
> Ne vous inquiétez donc pas et ne dites pas : « Que
> mangerons-nous ? » ou « Que boirons-nous ? »
> ou « Avec quoi nous habillerons-nous ? » Toutes
> ces choses, les païens s'en préoccupent sans cesse.
> Mais votre Père, qui est aux cieux, sait que vous
> en avez besoin. Faites donc du royaume de Dieu et
> de ce qui est juste à ses yeux votre préoccupation

première, et toutes ces choses vous seront données en plus. Ne vous inquiétez pas pour le lendemain ; le lendemain se souciera de lui-même. A chaque jour suffit sa peine. »

(Matthieu 6:25-34 BDS)

Au verset 33, Jésus dit : « Ayez confiance en Dieu et toutes choses vous seront données en plus ».

Quelles sont « toutes ces choses » dans ma vie ?

En tant que Kingdom Builder, je devrais avoir le meilleur mariage et la meilleure relation avec mes enfants.

En tant que Kingdom Builder, je devrais être en pleine forme et en bonne santé.

Pourquoi est-ce que je mentionne ces trois choses ? Parce qu'elles font partie de mon « tout ».

Quel est votre « tout » ?

Dans les versets qui précèdent le verset 33, Jésus parle des choses que le monde recherche. Ce dernier se concentre sur l'acquisition.

Dieu cherche des gens qui savent dans leur cœur que cette vie est faite pour donner.

Il y a une promesse cachée ici : quand vous mettez Dieu à la première place, toutes ces choses vous seront données en plus. Mais vous devez Le chercher d'abord. Pas les "choses". Pas les biens matériels. Pas les richesses.

Il n'y a rien de mal à avoir de belles choses. J'aime les "choses".

Mais ce n'est pas ce que je recherche.

Dieu m'a appris que ce n'est pas un problème d'avoir de belles choses, tant que ces choses ne me possèdent pas.

Et c'est là, la beauté de Kingdom Builders.

Nous savons que Dieu nous soutient et qu'Il est là pour nous. Nous pouvons avoir confiance dans le fait qu'Il est notre Tout.

VOIR DIEU COMME MON TOUT

Les dix premières années de ma carrière, je courais après la grande maison, les belles voitures, la grande vie.

Et de ce fait, je me faisais passer en premier. C'était moi qui pourvoyais...

Moi qui travaillais sans fin... Moi qui étais dans la misère... Moi. Moi. Moi. Moi. Moi.

Je ne voyais pas Dieu comme étant ma Source.

C'est seulement lorsque j'ai mis Dieu en premier dans ma vie que j'ai compris cela. Et ensuite des choses se sont passées.

Au fil des ans, j'ai vu Dieu agir au-delà de tout ce que je pouvais demander, penser ou imaginer. J'avais l'habitude de penser qu'Éphésiens 3:20 était le verset le plus ridicule de la Bible :

> Dieu agit en nous avec puissance. Et quand nous lui demandons quelque chose, il peut faire beaucoup plus ! Oui, sa puissance dépasse tout ce qu'on peut imaginer !

Vraiment ? Au-delà de tout ce que je pourrais demander, penser ou imaginer ? Vraiment Seigneur ?

Il y a vingt-quatre ans, je touchais 100'000 dollars, ce qui était un excellent salaire à l'époque. J'étais bien payé. Je travaillais pour la plus grande entreprise de plomberie d'Australie, où je menais de très gros projets avec 50 plombiers qui travaillaient sous mes ordres. J'étais un bon travailleur, mais de là à penser qu'un jour je pourrais gagner un million de dollars par an...

Eh bien, c'est tout simplement ridicule. Encore plus ridicule de penser que je pourrais donner un million de dollars !

Il faut gagner beaucoup plus qu'un million pour pouvoir en donner un.

Je vous le dis, au fil des ans, j'ai vu Dieu pourvoir, et pourvoir, et pourvoir. Susan et moi avons continuellement vu Éphésiens 3:20 s'accomplir dans nos vies.

Vous voyez, le monde cherche à savoir ce qu'il faut faire pour débloquer la bénédiction et la fortune. Les bibliothèques et les librairies regorgent de livres à ce sujet.

Mais je crois qu'en tant que chrétiens, nous avons la réponse.

Quand vous mettez Dieu en premier, les bénédictions viennent. L'opportunité vient. Les ressources viennent. Les cieux sont littéralement ouverts.

Malachie 3:6-12 dit :

> « Moi, le Seigneur, je ne change pas. Et vous, vous êtes toujours les enfants de Jacob ! Tout comme vos ancêtres, vous vous êtes éloignés de mes enseignements, vous ne les avez pas suivis. Revenez vers moi, et je reviendrai vers vous, je le dis, moi,

le Seigneur de l'univers. Mais vous demandez : «
Comment pouvons-nous revenir vers toi ? » Je
vous réponds : « Est-ce qu'un être humain peut
tromper Dieu ? Pourtant, vous me trompez ! »
Vous demandez encore : « En quoi t'avons-nous
trompé ? » Je vous réponds : « Quand vous devez
donner le dixième de vos biens et quand vous
me faites des offrandes. » Malheur à vous ! Vous
êtes maudits parce que vous me trompez, vous, le
peuple tout entier. Apportez donc réellement le
dixième de vos biens dans la salle du trésor, pour
qu'il y ait toujours de la nourriture dans le temple.
Je l'affirme, moi, le Seigneur de l'univers : vous
pouvez vérifier que je dis la vérité. Vous verrez
alors que j'ouvrirai pour vous les réservoirs d'eau
du ciel, et que je vous couvrirai de bienfaits abon-
dants. Pour vous, je détournerai les criquets : ils ne
détruiront pas vos récoltes, ils n'empêcheront pas
vos vignes de donner du raisin. Je le promets, moi,
le Seigneur de l'univers. Tous les autres peuples
diront que vous êtes heureux, car la vie sera très
agréable dans votre pays, je le dis, moi le Seigneur
de l'univers. »

C'est la seule écriture de toute la Bible où Dieu nous
demande de le mettre à l'épreuve. Susan et moi l'avons
fait et vous savez quoi ?

Il nous a pourvu à chaque fois.

À maintes reprises, Dieu a déversé sa bénédiction sur
nous et notre famille.

RÉVÉLATION

L'étape suivante de mon cheminement en tant que Kingdom Builder a commencé lorsque j'ai reçu l'appel à lever d'autres personnes pour financer le royaume. En effet, Pasteur Brian m'a demandé de devenir l'un des anciens de l'église. J'étais terrifié !

Je me suis dit : « Bonté, que veut-il que je fasse en tant qu'ancien ? »

Alors je l'ai emmené prendre le petit-déjeuner. Je l'ai fait asseoir et lui ai demandé : « Pourquoi veux-tu que je devienne ancien ? Qu'attends-tu de moi ? »

Il m'a répondu : « Rien. Je ne t'ai pas demandé de devenir ancien pour que tu fasses quelque chose de plus. Je t'ai demandé de devenir ancien à cause de ce que tu fais déjà et de qui tu es. Si tu ne sais pas ce que c'est, alors j'ai demandé à la mauvaise personne. »

Il a été autant direct !

Je savais qui j'étais. Je savais quel était mon appel. Il me fallait juste un peu de temps pour demander à Dieu quelle était ma prochaine étape.

S'il y a bien une description de ce qu'est un ancien dans les Écritures, c'est celle-ci : une supervision spirituelle.

Être un Kingdom Builder est spirituel. Pour moi, il s'agit de rassembler un groupe de personnes qui sont le "noyau du noyau" pour financer et faire avancer la Cause du Christ.

C'est alors que j'ai commencé à voir clairement mon rôle d'ancien au sein d'Hillsong. J'ai étudié nos campus dans le monde. J'ai réalisé que nous avions des grandes églises qui faisaient des choses incroyables, mais qu'aucune d'entre elles n'avait de Kingdom Builders. Je me suis alors posé la question (à voix haute) : « Qu'est-ce qui ne va pas avec ces pasteurs ? Pourquoi n'ont-ils pas de Kingdom Builders ? »

Et c'est là que j'ai compris !

Dieu m'a révélé que la raison pour laquelle ces campus n'avaient pas de Kingdom Builders est que je ne leur avais pas encore transmis le message. Je n'avais pas encore lancé ce mouvement. C'est alors que j'ai su quelle était ma vocation et ma mission en tant qu'ancien.

Faisons une avance rapide à quelques mois plus tard, où je me retrouve à la conférence Hillsong. C'est la semaine la plus chargée de l'année pour Pasteur Brian. Trente mille personnes qui veulent toutes un peu de son temps. Mais me voici, assis autour d'un café avec lui pour trente minutes.

Et là, je lui dis : « Je crois savoir pourquoi nos campus n'ont pas encore de Kingdom Builders. »

Il me répond : « Pourquoi n'en ont-ils pas encore, Andrew ? »

Je lui dis : « Parce que je ne suis pas encore allé lancer ce mouvement. Je pense que c'est mon rôle. »

Et vous savez ce qu'il a dit ? « Je pense que tu as raison. Vas-y. »

Ce qui est drôle, c'est que Pasteur Brian m'a avoué quelques années plus tard, qu'il ne pensait pas que j'étais capable de le faire. Il ne voyait pas comment je pourrais faire une chose pareille. Je ne le savais pas non plus. Mais je savais que je pouvais aller raconter mon histoire.

Et cela a été le catalyseur.

L'HEUREUX HASARD DE STOCKHOLM

Je parle lors du lancement de Kingdom Builders à notre campus à Stockholm. Il y a une dame assise là, au premier rang, qui se met soudain à sangloter lorsque je commence à parler de Matthieu 6:33. Elle se lève et quitte la pièce.

Après la réunion, le pasteur me dit : « Il y a un homme en particulier, appelé Henry, que j'aimerais que vous emmeniez dîner ce soir. »

Il me présente à cet homme et je le reconnais car c'est lui qui était assis à côté de la femme qui pleurait.

Et là je pense : « Seigneur, tu te moques de moi ? »

Je vais vers lui et lui dit : « Bonjour Henry, ravi de vous rencontrer. Qui est cette femme blonde qui était assise à côté de vous pendant la réunion ? »

Il me répond : « C'est ma femme. »

Et je lui dis : « J'irai dîner avec vous seulement si elle vient avec. » Je crois qu'il est essentiel de parler à la fois au mari et à la femme dans ces situations.

Il me dit : « D'accord. »

Pendant notre dîner, Henry me raconte : « Un mois avant le lancement de Kingdom Builders, Dieu nous a dit de jeûner. De ce fait, chaque jour, depuis 30 jours, nous lisons Matthieu 6:33. Et lorsque vous avez mentionné ce verset, nous étions submergés."

Il m'a regardé droit dans les yeux et dit : « On est partant. »

Au fil des ans, il a été mon protégé. Il a voyagé dans le monde entier à ses propres frais. Il a porté mes bagages. Il s'est assis dans des centaines de tête-à-tête avec des couples. Il a observé et assimilé.

Cette année encore, il a voyagé avec moi à Amsterdam et je lui ai dit : « Mon pote, ce soir, c'est toi qui parles. Les dix premières minutes sont à toi. »

Lui et sa femme ont été le premier couple hors de l'Australie à « comprendre ».

VOIR DIEU COMME VOTRE *TOUT*

Certains d'entre vous lisent ceci et se disent probablement : « C'est génial, Andrew. Quelle belle histoire. Mais Dieu ne travaille pas comme ça dans ma vie. »

Non ? Vous êtes sûr ? Je vais vous mettre au défi : Peut-être que vous n'avez pas encore fait ce pas de foi ; celui de faire confiance à Dieu d'être votre tout. Peut-être qu'Il est votre « tout » moins une chose ou deux...

Choisissez-Le pour être :

Votre source. Votre Tout.

Et vous savez pourquoi Dieu ne bouge pas et ne travaille pas encore de cette manière dans votre vie ?

Vous essayez toujours de le faire par vous-même. Vous essayez encore de comprendre. Vous continuez à vous battre et à essayer par vos propres forces.

Vous n'y arriverez jamais par vos propres forces.

Vous voyez, il faut se soumettre. Ce qui est drôle, c'est que lorsque quelqu'un se soumet, il élance généralement ses deux bras en l'air. Tout comme lorsque vous êtes en adoration avec les deux mains levées.

Quand vous avez les deux mains levées, vous ne pouvez rien tenir. Vous ne pouvez pas lutter ou vous battre. Vous ne pouvez pas saisir les "choses" de ce monde.

Vous devez simplement faire confiance à Dieu.

Lui permettre d'être votre Tout.

C'est ce que font les Kingdom Builders. Souvenez-vous : c'est une attitude de cœur.

La définition littérale de l'adoration est : « qui a la plus grande valeur ». De ce fait, vous devez vous demander : « Dieu est-il le premier dans ma vie ? A-t-il la plus grande valeur ? »

La façon dont vous répondez à cette question détermine tout dans votre vie. La louange ne consiste pas seulement à chanter et à servir le dimanche à l'église.

Non.

C'est un abandon total de tout pour Tout.

Quand Susan et moi avons franchi cette ligne et que j'ai laissé Dieu tracer le chemin à ma place, notre tout a changé. Si nous avons pu le faire, vous aussi.

SERVIR ET PARLER

J'ai continué à servir à l'église. À la conférence Hillsong, mon travail consistait à conduire les orateurs à leurs hôtels. J'ai été nommé pour conduire ce couple d'Afrique du Sud, Pasteurs André et Wilma Olivier. Il s'avère qu'ils ont une grande église composée de plusieurs campus en Afrique du Sud.

Généralement, la plupart des personnes qui se portent volontaires pour conduire durant la conférence sont des étudiants. De ce fait, j'étais beaucoup plus âgé, et quand

André et Wilma sont montés dans ma voiture, nous nous sommes tout de suite bien entendu. Durant sept ou huit ans, chaque fois qu'ils venaient à Sydney pour la Conférence, je les conduisais. Et, au fil des ans, nous sommes devenus amis.

Un jour, j'ai reçu un e-mail de l'assistante de direction d'André m'invitant à venir chez eux pour parler à leur week-end des donateurs. Ils m'ont promis de couvrir mes frais de voyage et d'hébergement.

J'étais stupéfait ! J'ai donc appelé André pour lui dire : « Tu es sérieux ? » Il m'a répondu : « Andrew, je connais ton histoire. Tu as quelque chose à partager et je veux que ma congrégation l'entende ». J'ai dit « Oh, ok. Je vais venir. »

Peu après, je vais annoncer la nouvelle à Susan et elle me répond « Je viens » ! De ce fait, je lui ai également réservé un billet et nous y sommes allés.

C'était la première fois que je racontais mon histoire en tant qu'orateur. J'étais tellement nerveux que j'en étais physiquement malade ! J'avais la bouche tellement sèche que j'ai dû boire deux litres d'eau pendant les quarante minutes qu'ont duré mon discours. Mais cela a eu un réel impact sur ces gens. À tel point qu'André m'a interviewé le dimanche au cours des cinq services !

Pour nous remercier d'avoir fait le voyage et partagé notre histoire, il nous a emmenés, Susan et moi, en safari de trois jours. Dieu a alors fait quelque chose que je n'arrivais pas à croire ; Il nous a remis une somme d'argent pour avoir partagé mon histoire avec sa congrégation.

J'étais bouche bée.

"Tu rigoles Seigneur ?"

Je serais venu sans être payer. Mais je pense que Dieu a voulu confirmer que j'étais sur le bon chemin. Quand il m'a remis l'enveloppe, j'ai demandé : « Qu'est-ce que c'est ? »

Il m'a dit : « Ce sont vos honoraires. »

Je ne m'y attendais pas et je me suis dit : « C'est ridicule ! »

Quand j'ai vu à quel point les gens étaient touchés par le fait que je partage mon histoire, j'ai réalisé : « Andrew, c'est ce que tu es appelé à faire. C'est ça ! »

Et les gens ne faisaient pas semblant ; Dieu touchait leurs cœurs. Ces gens, tout comme Susan et moi, étaient touchés par l'appel à financer le Royaume.

C'est alors que j'ai su qu'elle était ma prochaine étape. Dieu me disait de continuer à donner mais également de consacrer la prochaine saison de ma vie à lever d'autres donateurs.

QU'EN EST-IL DE VOUS ?

À quoi vous accrochez-vous encore ?

Qu'est-ce que vous placez avant Dieu ?

Qu'est-ce qui vous empêche de vous impliquer pleinement avec Lui ? Quelle que soit cette chose :

Ego.

Votre carrière.

Les choses matérielles.

Peu importe.

Cela ne vous satisfera jamais. Jamais.

Parce qu'il ne peut y avoir qu'un seul vrai Dieu dans votre vie.

CE N'EST PAS À
PROPOS DE L'ARGENT

Le problème numéro un dans l'Église actuellement est les finances.

Au sein de la chrétienté, le diable a fait un excellent travail pour semer la confusion autour de cette question.

Pourquoi ?

Parce qu'il connaît la vérité.

Il sait que si l'Église saisit réellement le potentiel qu'elle a, son travail est terminé.

Il suffit de voir ce que l'église Hillsong a fait avec 1% de la congrégation.

Si les Kingdom Builders atteignaient 10 % des donateurs ? Ou 20 % ? Pouvez-vous imaginer combien de vies seraient changées, d'églises implantées et de communautés transformées ?

Pouvez-vous imaginer cela ? L'argent est la clé pour faire changer les choses !

Récemment, je parlais des Kingdom Builders dans une église à Perth. J'en étais à ma dernière rencontre individuelle avec un couple venu m'écouter. Ce matin-là, cette épouse avant dû trainer son mari pour venir. Mais après avoir entendu mon message, il était tellement ébahi et enthousiaste que c'est lui qui a dit à sa femme « Il faut qu'on rencontre ce type ! »

On s'est assis et il a « compris » ! Avant de m'entendre parler, il avait cru le mensonge que l'église ne veut que votre argent. L'église ne veut pas de votre argent !

Non !

L'église veut que votre cœur soit près de celui de Dieu. Par conséquent, si votre cœur est proche du sien, vous donnerez. Mais c'est seulement la conséquence d'un cœur proche de celui du Seigneur.

Souvenez-vous : Kingdom Builder est une attitude de cœur !

Je sais que dans chaque pièce où je me lève pour parler, je vais rencontrer quelqu'un comme ce mari à Perth qui avait un état d'esprit faussé face à l'argent. Et je sais que ma mission est de dissiper le mensonge que le diable répand. Je veux que le Saint-Esprit ouvre les yeux des chrétiens avec la vérité.

La vérité, c'est que lorsque vous réalisez à quel point vous êtes bénis, vous ne pouvez pas vous empêcher de bénir les autres ! Vous ne pouvez pas vous empêcher de donner.

D'IMPLIQUÉ À
« COMPLÈTEMENT IMPLIQUÉ »

Je dirais que 99 % des personnes qui sont des Kingdom Builders servent déjà dans une partie de l'église. Ils sont déjà impliqués.

Quand je me présente et que je partage mon histoire, je ne fais que les aider à passer d'« impliqué » à « complètement impliqué ».

J'étais également confus avant. Bien sûr, je servais. Bien sûr, je donnais la dîme. Mais je n'avais jamais vu Dieu comme ma seule et unique source.

Dieu dit : « Veux-tu mettre la main à la pâte ? »

Il nous demande : « de quelle taille veux-tu que ton canal soit ? » Vous voyez, le robinet de la bénédiction est ouvert. C'est nous qui déterminons la quantité de bénédictions qui est déversée dans nos vies. Et ce type de foi est un type de foi « complètement impliqué ».

L'Évangile de Marc raconte une rencontre entre Jésus et un jeune homme riche qui vient à lui pour connaître le secret de la vie éternelle :

> Au moment où Jésus veut partir, un homme arrive en courant. Il se met à genoux devant lui et lui demande : « Bon maître, qu'est-ce que je dois faire pour recevoir la vie avec Dieu pour toujours ? » Jésus lui répond : « Pourquoi m'appelles-tu bon ? Personne n'est bon, sauf Dieu ! Tu connais les commandements : Ne tue personne. Ne commets pas d'adultère. Ne vole pas. Ne témoigne pas faussement contre quelqu'un. Ne fais pas de mal aux autres. Respecte ton père et ta mère. » L'homme lui dit : « Maître, j'obéis à tout cela depuis ma jeunesse. » Jésus le regarde avec amour et lui dit : « Une seule chose te manque : va, vends ce que tu as et donne l'argent aux pauvres. Alors tu auras des richesses auprès de Dieu. Ensuite, viens et

suis-moi. » Mais quand cet homme entend cela, il prend un air sombre et il s'en va tout triste parce qu'il possède beaucoup de choses.

Jésus regarde ses disciples qui sont autour de lui, et il leur dit : « Pour ceux qui ont des richesses, c'est vraiment difficile d'entrer dans le Royaume de Dieu ! » Les disciples sont très étonnés par ces paroles, mais Jésus leur dit encore : « Mes amis, c'est vraiment difficile d'entrer dans le Royaume de Dieu ! Est-ce qu'un chameau peut passer facilement par le trou d'une aiguille ? Eh bien, pour un riche, c'est encore plus difficile d'entrer dans le Royaume de Dieu. » Les disciples sont de plus en plus étonnés et ils se disent entre eux : « Mais alors, qui peut être sauvé ? » Jésus les regarde et leur dit : « Pour les hommes, c'est impossible, mais pas pour Dieu. En effet, pour Dieu, tout est possible. »

Alors Pierre lui dit : « Écoute ! Nous, nous avons tout quitté pour te suivre. » Jésus lui répond : « Je vous le dis, c'est la vérité : si quelqu'un quitte maison, frères, sœurs, mère, père, enfants et champs à cause de moi et de la Bonne Nouvelle, cette personne recevra cent fois plus dès maintenant, dans ce monde. Elle recevra des maisons, des frères, des sœurs, des mères, des enfants et des champs. En même temps, elle souffrira à cause de moi. Et dans le monde qui vient, elle recevra la vie avec Dieu pour toujours. Parmi ceux qui sont les premiers maintenant, beaucoup seront les derniers. Et parmi ceux qui sont les derniers maintenant, beaucoup seront les premiers. »

(Marc 10:17-31)

Voici la vraie vérité : devenir « complètement impliqué »

va vous coûter cher.

Cependant, la promesse de Dieu est que tout ce que vous abandonnerez sera multiplié plusieurs fois.

Susan et moi l'avons vu dans notre propre vie.

J'ai également vu Dieu le faire d'innombrables fois dans la vie d'autres Kingdom Builders à travers la planète.

Alors, ne soyez pas comme le jeune homme riche qui ne voulait pas tout abandonner. Faites plutôt confiance à Dieu pour être votre tout et regardez ce qui se passe.

LA VÉRITÉ À PROPOS DES FINANCES

C'est en 1996 que les Kingdom Builders ont commencé. L'église Hillsong avait 14 ans et possédait un campus australien. Hillsong était déjà connue dans le monde entier pour sa musique. Aujourd'hui, nous sommes une église mondiale qui a un impact local à New York, Los Angeles, Londres, Stockholm, Moscou, Barcelone, Buenos Aires et dans de nombreuses autres villes du monde.

Je crois personnellement que l'une des principales raisons pour cela est le projet Kingdom Builders.

L'offrande qui dépasse les attentes est la définition même des Kingdom Builders. C'est littéralement ce qui a fait la différence lorsque Hillsong est devenue mondiale.

J'ai appris que si vous ne pouvez pas être généreux quand vous avez peu, vous ne serez jamais généreux lorsque vous aurez beaucoup.

J'ai rencontré des gens partout sur la planète qui disent : « Quand j'arriverai à ce niveau financièrement, alors je deviendrai un Kingdom Builder ».

Je peux vous dire que lorsqu'ils arrivent à ce point, ces gens ne donnent pas.

Pourquoi ?

Parce que cela implique un montant beaucoup plus important.

La vérité sur les finances, c'est qu'elles ne sont pas limitées ; mais tant de gens le croient ! De ce fait, ils ne mènent pas une vie généreuse.

Peut-être que c'est vous.

Peut-être que vous ne connaissez pas la vérité sur les finances.

Peut-être que vous ne réalisez pas que Dieu a le robinet grand ouvert. Il cherche simplement des gens qui mènent déjà une vie généreuse parce qu'Il peut leur faire confiance pour continuer à donner proportionnellement.

Vous n'avez probablement pas beaucoup car on ne peut pas vous faire confiance avec plus.

Un autre mensonge du diable est qu'il faut être riche pour donner.

Les Kingdom Builders ne donnent pas tous le même montant mais leurs sacrifices sont égaux. Il ne s'agit pas du montant du chèque que vous écrivez, mais de la taille du sacrifice que vous faites. Une personne seule qui travaille dur pour subvenir aux besoins de sa famille est tout aussi capable que le propriétaire d'une grande entreprise de faire un chèque sacrificiel. C'est une fausse idée que de voir cette offrande en termes de sommes d'argent.

C'est le genre de confusion que le diable veut semer dans votre esprit.

Un sacrifice égal signifie des conditions de concurrence équitables. Le montant n'a pas d'importance.

Dieu va vous tester avec le peu que vous avez et veut vous voir être fidèles avec cela. Ensuite, il va vous tester avec un peu plus et vous demande d'être fidèles avec cela aussi. Et finalement, il va vous tester avec beaucoup et vous demandera d'être fidèles avec beaucoup.

LE PLAN DU DIABLE

Le diable déteste vous voir réussir. Il fera tout ce qu'il peut pour vous distraire, vous décevoir et vous contenir.

Son but ultime est de vous tuer.

Avec les chrétiens, le diable a compris qu'il est facile de vous contenir. Et le moyen le plus simple pour y arriver est d'utiliser vos finances.

Si vous ne vous déployez pas...

Si vous ne faites pas la différence...

Si vous ne prenez pas position...

Si vous ne faites pas de pas de foi... Le diable n'a pas besoin de vous déranger dans votre petit monde sécurisé, dans votre petite vie confortable.

Puis-je vous dire quelle situation est la plus dangereuse pour un chrétien ? La situation la plus dangereuse, pour un chrétien, est d'être confortable.

Et, croyez-moi, je le sais. Je peux le dire avec conviction car c'était moi pendant 31 ans. Jusqu'à ce que je décide de bouger.

Je ne sais pas pour vous, mais je ne veux pas laisser

le diable me contenir. Je ne veux pas vivre une petite vie sûre. Je ne veux pas m'installer confortablement.

Non.

Je veux vivre une vie où Dieu doit se manifester. Je veux recevoir ce qu'Il m'a promis. Je veux vivre une vie en étant « complètement impliqué », en étant assis, plein d'attentes, sur le bord de mon siège !

Les Écritures nous enseignent que le diable a un plan pour nous dérober, nous tuer et nous détruire. Mais la bonne nouvelle est que le plan de Dieu est de nous donner une vie abondante - une vie débordante de grâce et de provisions (voir Jean 10:10). C'est pourquoi, vous devez réfléchir à quel plan vous vous êtes soumis jusqu'à aujourd'hui.

UN RÉVEIL

L'Église connaît actuellement un réveil dans le monde entier.

Je l'ai vu de mes propres yeux.

Les gens s'éveillent au plan de Dieu pour leur vie. Servir, donner et se sacrifier pour faire avancer le Royaume !

Et vous avez la possibilité de faire partie du plan de Dieu : d'être un Kingdom Builder.

Dieu m'a appris que le réveil n'est pas une question de réunions, ni d'activités. Il ne s'agit pas « de chauffer la salle » pour que les gens soient enflammés.

Dieu m'a montré que le réveil concerne le cœur de l'individu. Et la façon la plus simple de savoir ce qu'il y a dans le cœur d'un homme est de regarder aux fruits qu'il porte.

Jésus dit trois choses sur ceux qui lui font confiance, ses vrais disciples.

Vous les reconnaîtrez parce qu'ils obéissent à son enseignement.

Vous les reconnaîtrez parce qu'ils s'aiment les uns les autres.

Vous les reconnaîtrez grâce aux fruits de leur vie.

Le réveil se traduit par un cœur totalement abandonné, pleinement engagé et entièrement transformé par la Source véritable.

Que dit le fruit de votre vie au sujet de votre foi ? Souvenez-vous : Kingdom Builder est une attitude de cœur. Il s'agit de vivre une vie généreuse. Être une bénédiction parce que vous avez été bénis. Ce n'est pas une question de finances.

Il s'agit de donner parce que vous débordez. Donner de façon sacrificielle.

Donner sans conditions.

Lorsque vous comprenez ce concept et cette vérité, vous lèverez la main. Vous deviendrez un canal plus large pour recevoir et déversez la bénédiction de Dieu. Et votre vie sera radicalement transformée.

Les gens reconnaîtront clairement que quelque chose a changé en vous.

Le réveil du monde signifie littéralement « vivre à nouveau ».

Les gens verront l'obéissance, l'amour et le fruit de votre vie. Vous serez à nouveau pleinement vivant ! Appartenant entièrement à Dieu. Et votre vie sera marquée par la générosité.

LES PRIORITÉS ET LA PLANIFICATION

Mes priorités ont changé lorsque Dieu s'est emparé de mon cœur. Mon plus grand regret est d'avoir raté les premières années de vie de mes enfants. Je travaillais comme un fou par mes propres forces. J'ai ignoré le fait que j'étais d'abord un mari et un père.

Aujourd'hui, en suivant Dieu, en priant et en ayant de la discipline, je ne travaille plus le lundi ni le mercredi. Les lundis, je les passe avec Susan. Les mercredis, nous les passons avec notre petit-fils, Dallas. Je ne travaille pas ces deux jours-là. J'ai choisi de les garder libres pour la famille.

Je ne vais pas refaire la même erreur. Pourquoi ?

Parce que mes priorités ont changé. Tout ce que je fais maintenant est intentionnel.

Et mon but est toujours de financer le Royaume.

Pour ce faire, et pour le faire bien, je dois mettre de l'ordre dans ma vie. Je dois d'abord laisser Dieu avoir la première place. Je dois prendre soin de ma famille. Je dois agir en fonction de qui je dis que je suis et de mes convictions.

Cela sera différent pour chaque personne et chaque famille. De plus, nous sommes tous dans différentes saisons de vie avec des circonstances variables. Mais malgré tout, nous devons établir des priorités et les planifier en conséquence.

LES QUATRE MOTS DE DENTON

Quotidien. Délibéré. Discipliné. Décisions.

Le quotidien, c'est ceci : quand vous connaissez votre but, quand vous êtes en mission, c'est 24 heures sur 24, 365 jours par an.

Il n'y a pas de jours de repos.

C'est votre seule vie. Maintenant, tout ce que vous faites, c'est ce que vous êtes.

Il n'y a pas de séparation entre vie professionnelle et vie privée. Lorsque vous vivez avec un but, vous êtes ce que vous êtes. Peu importe où vous vous trouvez, vous vivez chaque jour pleinement et délibérément.

Qu'est-ce qu'une vie délibérée signifie pour moi ?

Délibéré signifie être intentionnel. Délibéré signifie que je vais être proactif et non réactif. Délibéré signifie que je tiens mon journal et que je ne vais pas laisser quelqu'un d'autre le tenir. Délibéré signifie que je planifie ma journée, ma semaine, mon mois, mon année et les cinq prochaines années de ma vie.

Cela signifie que je ne laisse pas les « choses » m'arriver mais que je m'efforce délibérément, avec Dieu, de créer une vie qui lui soit agréable et qui l'honore.

Je parle de toutes les facettes de ma vie. Pas seulement de mes affaires mais de ma famille et de mes amitiés également. Je structure tout autour de mon objectif.

Si je n'ai pas de plan, la vie va simplement se dérouler et les catastrophes vont arriver les unes après les autres.

Ce que j'ai découvert au fil des ans, c'est qu'il y a beaucoup de personnes qui sont vraiment douées pour cartographier les choses, mais elles sont paralysées dans leur analyse. Elles sont bloquées sur les mauvaises choses.

Or, ce n'est pas vraiment une question de plan. L'important, c'est l'intention du plan.

Prenez ma santé, par exemple. Je déteste l'exercice physique. Mais je le fais. J'ai choisi de faire du vélo. Parce que c'est bon pour moi à bien des égards. C'est une question de camaraderie et de redevabilité. De ce fait, je fais intentionnellement du sport avec mes amis.

Maintenant, si vous vous y connaissez en vélo, vous savez que vous devez tracer votre parcours, vous devez connaître votre rythme cardiaque et savoir quoi manger pour avoir assez de calories à brûler. Une fois que vous avez fait tout cela, la discipline commence.

La veille, je dois vérifier que mon vélo soit en bon état, que les batteries de mes lumières soient chargées, que mes pneus soient gonflés, que tout mon équipement soit prêt et que mon réveil soit réglé à cinq heures du matin.

Mais la vraie discipline, c'est de se coucher tôt !

L'approche quotidienne, délibérée et disciplinée fonctionne comme un tout pour que, lorsque mon réveil sonne, je puisse prendre une décision. Une sage décision. Sortir du lit, monter sur mon vélo et rouler.

Si je ne m'étais pas préparé la veille, je n'aurais pas atteint mon objectif personnel en matière de santé. Si je me réveille le matin mais que je ne m'étais pas préparé la nuit précédente et que mon pneu est à plat, que vais-je faire ?

Je vais me recoucher. Pourquoi ? Parce que c'est trop dur.

Mais quand je me lève et que tout est en place, je peux rapidement mettre mes vêtements et je suis déjà sur le pas de la porte. C'est facile !

La leçon que vous devez en tirer est la suivante : faites le travail nécessaire pour vivre de manière intentionnelle, sans excuses, ni options pour reculer.

Ces quatre mots consistent à prendre une décision sage et non stupide.

La Bible dit clairement que la sagesse est la chose principale et qu'elle est plus importante que la richesse – donc dans tout ce que vous faites, grandissez en sagesse.

Jusqu'à présent, dans ce livre, j'ai partagé un peu de ma sagesse. C'est ma sagesse parce que je l'ai pratiquée. Mais, pour vous qui lisez, ce ne sont que des connaissances, jusqu'à ce que vous l'appliquiez ! Et c'est là que la discipline entre en jeu. La discipline est la clé qui transforme la connaissance en sagesse !

VACANCES EN FAMILLE

J'applique le même principe lorsqu'il s'agit de planifier des vacances en famille. J'ai fait le choix, il y a 24 ans, après avoir travaillé pendant huit ans sans relâche, de ne plus jamais rentrer de vacances sans en avoir réservé d'autres.

J'ai réalisé à l'époque que les seuls souvenirs que j'ai vraiment avec ma famille sont ceux des vacances. Du lundi au vendredi, c'était la routine quotidienne. Il y a quelques souvenirs comme les anniversaires ou un anniversaire de mariage ici et là. Mais les vacances avec ma famille sont les souvenirs les plus importants pour nous.

Aujourd'hui encore, Susan et moi, essayons de passer des vacances en famille quand nous le pouvons. Nous les planifions et les réservons ensemble.

Pourquoi ?

Parce que nous voulons vivre une vie délibérée.

En résumé, en ce qui concerne ces quatre mots, vous n'avez qu'une seule chance dans la vie. Ne la manquez pas.

Avant, je ne faisais que frôler cette vie délibérée. Maintenant, je la vis.

LA DILIGENCE RAISONABLE

Dans l'Évangile de Luc, Jésus raconte une histoire sur la façon de compter le prix à payer pour suivre Jésus :

> Plus tard, Jésus est en route, et des foules nombreuses l'accompagnent. Il se tourne vers elles et il dit : « Celui qui vient à moi doit m'aimer plus que son père, sa mère, sa femme, ses enfants, ses frères, ses sœurs et même plus que sa vie. Sinon, cette personne ne peut pas être mon disciple. Celui qui ne porte pas sa croix et qui ne me suit pas, celui-là ne peut pas être mon disciple. »
>
> En effet, quand l'un de vous veut construire une

grande maison, il commence par s'asseoir et il calcule : « Combien est-ce que cela va coûter ? Est-ce que j'ai assez d'argent pour aller jusqu'au bout ? » Mais s'il pose les fondations sans pouvoir finir la maison, tous ceux qui verront cela se mettront à se moquer de lui. Ils diront : « Cet homme a commencé à construire, mais il n'a pas pu finir ! » Et quand un roi part en guerre contre un autre roi, il commence par s'asseoir et il se demande : « J'ai 10 000 soldats. Est-ce que je peux aller combattre mon ennemi qui vient m'attaquer avec 20 000 soldats ? » S'il ne peut pas, il envoie des messagers à l'autre roi, pendant qu'il est encore loin, et il demande à faire la paix. Jésus ajoute : « Ainsi, parmi vous, si quelqu'un ne laisse pas tout ce qu'il possède, cette personne ne peut pas être mon disciple. »

(Luc 14:25-33)

Vous voyez, beaucoup de chrétiens pensent qu'ils sont des donateurs. Ils ne le sont pas. Et vous êtes peut-être l'un d'entre eux.

La dîme ne fait pas de vous un donateur.

La dîme ne fait que ramener à Dieu ce qui est à Dieu.

Je le répète : c'est le don sacrificiel « au-delà des attentes » qui fait de vous un donateur.

La leçon que Jésus donne dans ce passage est qu'il faut compter le prix à payer. Vivre de manière disciplinée et intentionnelle. Et, faire des choix judicieux, surtout financièrement.

C'est primordial si vous voulez devenir un Kingdom Builder.

Mon pasteur, Brian, parle de donner dangereusement,

et non de donner stupidement. Nous parlons de diligence raisonnable dans les affaires où nous allons être calculés dans notre prise de décision.

Lorsque je prends une décision commerciale, je fais mes recherches. Je fais mes devoirs et j'essaie de prendre une décision en connaissance de cause. Une fois que j'ai au moins 75% des informations, je me sens confiant. Car si vous attendez d'avoir 100 %, il est trop tard. Vous avez raté l'occasion. Mais en contrepartie, vous ne prenez pas non plus une décision avec seulement 7,5% des informations ; ce serait stupide.

La plupart des chrétiens veulent attendre d'avoir 100% des informations pour prendre une décision en connaissance de cause.

J'ai vu tant de chrétiens bien intentionnés prendre des décisions stupides au fil des ans. Des gens qui disent :

« Je vais donner 1'000'000 de dollars à l'église. » Mais ils en gagnent 100'000 par an. Et cela est tout simplement stupide. Dieu n'honore pas la stupidité.

Dieu honore la fidélité.

C'est pourquoi je dis aux gens de garantir les 75% et de faire confiance à Dieu afin qu'il pourvoie les derniers 25%. N'achetez pas quelque chose alors que vous avez seulement 7,5% et ensuite espérer que Dieu couvre les 92,5% restant.

Ce n'est pas de la foi. C'est de l'ignorance.

NOUS SERVONS UN DIEU DIGNE DE CONFIANCE

Au cours des huit années qui se sont écoulées depuis le premier chèque de 5'000 dollars jusqu'au chèque d'un million de dollars, Dieu s'est manifesté à maintes reprises.

C'est pourquoi vous ne pouvez pas me dire que nous ne servons pas un Dieu digne de confiance.

Lorsque Susan et moi avons décidé de faire pleinement confiance à Dieu, de devenir « complètement impliqué », nous avons dû prendre des décisions par la foi.

Dieu m'a prouvé, depuis 24 ans maintenant, qu'Il est digne de confiance. Je pense que nous ne voyons qu'une infime partie. À maintes reprises, Dieu s'est manifesté. Je ne sais pas toujours comment Il va le faire.

J'étais inquiet avant. J'étais anxieux. Mais maintenant, toutes ces années plus tard, je sais que Dieu va se manifester. J'ai eu tellement de circonstances où les choses semblaient désastreuses et où Dieu est apparu. Encore, et encore, et encore.

Et si Dieu se manifeste dans ma vie et dans celle de Susan, je crois sincèrement qu'Il se manifestera dans la vôtre.

Mais vous devez faire des pas de foi. Vous devez devenir « complètement impliqué » avec Lui.

Vous ne pouvez pas essayer de faire les choses par vous-même. Par vos propres forces.

Il y a un beau passage dans l'Ancien Testament qui résume tout ce que j'essaie de dire :

> « Voici ce que le Seigneur dit :
> « Le sage ne doit pas se vanter de sa sagesse,

l'homme courageux ne doit pas se vanter de son
courage,
le riche ne doit pas se vanter de sa richesse.
Si quelqu'un veut se vanter,
qu'il se vante d'être assez intelligent pour me
connaître.
En effet, moi, le Seigneur,
je travaille pour établir la bonté,
le droit et la justice sur la terre.
Oui, c'est cela qui me plaît. »
Voilà ce que le Seigneur déclare. »

(Jérémie 9:23-24)

C'est le genre de vie à laquelle Dieu vous appelle si vous
voulez être un Kingdom Builder. Une vie où votre témoignage - votre histoire - démontre que vous comprenez et
connaissez Dieu.

Non pas que vous soyez plus intelligent que les autres.
Non pas que vous soyez plus fort que tous les autres. Non.

La seule chose qui compte est de construire votre vie
autour de votre relation avec Dieu, et de ses promesses
pour vous.

C'est la mentalité d'un Kingdom Builder. Peut-on faire
confiance à Dieu ?

Bien sûr qu'Il le peut ! Mais c'est à vous de faire quotidiennement les pas de foi nécessaires pour y parvenir.

Toute relation saine est basée sur la confiance. Sans
confiance, rien ne fonctionne. C'est particulièrement vrai
pour votre relation avec Dieu. Si vous lui faites confiance,
vous le prendrez au mot.

Jésus l'a dit de cette façon :

> « Venez auprès de moi, vous tous qui portez des charges très lourdes et qui êtes fatigués, et moi je vous donnerai le repos. Je ne cherche pas à vous dominer. Prenez donc, vous aussi, la charge que je vous propose, et devenez mes disciples. Ainsi, vous trouverez le repos pour vous-mêmes. Oui, la charge que je mettrai sur vous est facile à porter, ce que je vous donne à porter est léger. »

> **(Matthieu 11:28-30)**

Qu'est-ce que Jésus dit dans ce passage ? Qu'on peut faire confiance à Dieu.

Qu'il vous tient.

Que tout ce pour quoi vous avez travaillé si dur, Il l'a pris en charge.

Qu'Il sait ce dont vous avez vraiment besoin. Ce que vous recherchez réellement. Et que la vie abondante qu'Il promet n'est possible qu'en marchant avec Lui.

Je ne sais pas pour vous, mais c'est la vie que je veux. C'est la vie que j'ai découverte en devenant « complètement impliqué » en tant que Kingdom Builder.

AVANCER À RECULONS

L'un des mandats de l'église Hillsong est de soutenir l'église locale. C'est une question de Royaume, pas juste un truc d'Hillsong. Et par là j'entends l'Église avec un « E » majuscule. C'est pourquoi je n'appartiens à aucune autre église.

Une chose que Dieu m'a montrée depuis le début, c'est que je n'avais pas insisté sur ce point.

Je n'ai jamais demandé à voyager pour aller parler dans les églises et pourtant, Dieu m'a littéralement emmené autour de la planète pour partager notre histoire.

Étonnamment, mon emploi du temps est toujours chargé.

Mon contrat avec Dieu est le suivant : J'irai là où n'importe quel pasteur me demandera d'aller. N'importe où dans le monde. Je demande simplement aux églises que je visite de couvrir mes frais. De temps en temps, je reçois de l'argent, mais ce n'est pas pour cela que j'y vais.

Je ne suis pas payé pour porter le message des Kingdom Builders dans le monde.

Je le fais parce que je peux le faire. Parce que mon

entreprise est organisée de manière flexible, ce qui permet à mon emploi du temps d'être fluide. Je fais des pas de foi grâce à ce que je sais.

Au lieu de ça, je pourrais passer mes journées à surfer et jouer avec mon petit-fils. On m'a dit que je gagnerais autant. Mais, au fond de mon cœur, je sais que j'en sais trop.

J'ai vu trop de choses.

Je crois qu'à celui à qui on donne beaucoup, on en demandera beaucoup aussi (voir Luc 12:48). Et ce gars qui n'a même pas fini l'école, cet australien, a reçu beaucoup. J'ai donc beaucoup à donner.

Parce que mon but est le Royaume, je dois travailler pour cela.

Je n'ai pas cessé de faire des chèques. Je n'ai pas cessé de servir.

Je n'ai pas cessé de travailler dans mon entreprise.

Je suis simplement devenu « complètement impliqué » avec Dieu pour faire avancer le Royaume.

L'ÉGLISE QUE JE VOIS

En 1993, mon pasteur, Brian Houston, a écrit ces mots :

> L'église que je vois est une église influente. Une église tellement grande que ni la ville, ni la nation qui l'abritent ne peuvent l'ignorer. Une église qui grandit tellement rapidement que les bâtiments ne contiennent sa croissance qu'avec difficulté.
>
> Je vois une église dont la louange et l'adoration sincères touchent le Ciel et changent la terre ;

une louange qui influence des adorateurs dans le monde entier et qui exalte Christ grâce à des chansons puissantes remplies de foi et d'espoir.

Je vois une église dont les autels sont constamment remplis de pécheurs repentants qui répondent à l'appel au salut de Christ.

Oui, l'église que je vois dépend si pleinement du Saint-Esprit que rien ne peut l'arrêter ni se dresser contre elle. Une église dont le peuple est uni, actif dans la prière et rempli du Saint-Esprit.

L'église que je vois a un message si clair que des vies sont à jamais changées, et leur potentiel est réalisé grâce à la puissance de Sa Parole. Un message qui est transmis aux peuples de la terre à travers leurs écrans de télévision.

Je vois une église tellement remplie de compassion qu'elle arrache les gens à leurs situations désespérées pour les entourer d'amour et d'espoir ; où des solutions sont trouvées et où les gens sont acceptés tels qu'ils sont.

Je vois un peuple tellement concentré sur le Royaume qu'il accepte de payer le prix, quoi qu'il en coûte, pour voir un réveil déferler sur cette nation.

L'église que je vois se consacre si pleinement à élever, former et équiper une génération de leaders pour récolter la moisson dans les temps de la fin, que tous ses ministères travaillent sans relâche vers ce but.

Je vois une église dont Jésus est la tête, qui est aidée par le Saint-Esprit et qui fixe ses regards sur la Grande Mission qui lui a été confiée.

OUI, L'ÉGLISE QUE JE VOIS POURRAIT BIEN ÊTRE NOTRE ÉGLISE, L'ÉGLISE HILLSONG.

C'est ça la mission des Kingdom Builders.

Défendre l'église locale, dirigée par les pasteurs locaux pour changer la vie des communautés locales.

Vous voyez, le Dieu que nous servons est un adepte des « petits » et des « sans ». Il a été le Dieu des opprimés tout au long de l'histoire.

De Moïse à David, nous voyons le Royaume de Dieu avancer à reculons dans l'Ancien Testament en choisissant cette nation improbable appelée Israël comme son peuple. Ils ont été réduits à l'esclavage, battus, divisés et ont erré pendant des générations jusqu'à ce que Dieu lui-même se révèle dans la paille d'une crèche.

Le Sauveur tant attendu est né de parents célibataires dans un endroit improbable. Le Roi des Rois est le fils d'un commerçant, comme moi. Son père, Joseph, était charpentier. Sa mère était une adolescente. Et ils fuyaient un roi devenu fou.

Si les Écritures nous apprennent quelque chose, c'est que Dieu fait des choses inimaginables avec les gens les plus improbables.

La propre histoire d'Hillsong est une preuve de la façon dont Dieu travaille. Il y a vingt-trois ans, nous n'étions qu'une seule église avec un seul bâtiment dans la banlieue ouest de Sydney. Littéralement, une petite communauté dont le lieu était introuvable sur la carte.

Aujourd'hui, nous sommes présents dans plus de 30 pays, dans 120 localités, avec plus de 300 services par week-end. Et ce chiffre augmente chaque année.

Et je crois vraiment que nous ne faisons que commencer.

FAIRE AVANCER LE ROYAUME

Dans l'Évangile de Matthieu, nous avons un regard interne sur la façon dont Jésus décrit le Royaume de Dieu :

> « Le Royaume des cieux ressemble à ceci : Il y a un trésor caché dans un champ. Un homme trouve le trésor et il le cache de nouveau. Il est plein de joie, il va vendre tout ce qu'il a et il achète ce champ. »

> « Le Royaume des cieux ressemble encore à ceci : Un marchand cherche de belles perles. Il trouve une perle qui a beaucoup de valeur. Alors, il va vendre tout ce qu'il a et il achète la perle. »

> « Le Royaume des cieux ressemble encore à ceci : On jette un filet dans le lac et il ramène toutes sortes de poissons. Quand le filet est plein, les pêcheurs le tirent au bord de l'eau. Ils s'assoient. Ils ramassent les bons poissons dans des paniers et ils rejettent ceux qui ne valent rien. À la fin du monde, ce sera la même chose. Les anges viendront séparer les méchants et les justes. Ils jetteront les méchants dans le grand feu. Là, ils pleureront et grinceront des dents. »

> Jésus demande à ses disciples : « Est-ce que vous avez compris tout cela ? » Ils lui répondent :

> « Oui. » Jésus leur dit : « Un maître de la loi qui devient disciple du Royaume des cieux, voici à qui il ressemble : il est comme un maître de maison qui tire de son trésor des choses nouvelles et des choses anciennes. »

(Matthieu 13:44-52)

Oui, le Royaume de Dieu vaut la peine de tout vendre. Comme le trésor dans les champs et la perle inestimable, lorsque vos yeux sont ouverts sur le but du Royaume, vous ne serez plus jamais le même.

Mais si vous le remarquez, Jésus utilise le mot « caché ». Je pense que c'est parce que peu de chrétiens réalisent que Jésus parle de ce qu'il y a à l'intérieur d'eux. Je pense que Dieu voit un potentiel dans le cœur des hommes. Je sais qu'Il l'a vu dans ce grand et moche Australien avant que je ne puisse le voir en moi-même.

Et je crois que le Royaume est caché à la vue de tous aujourd'hui. Quand vos yeux sont enfin ouverts comme les miens, eh bien, cela change tout.

Votre vie sera changée radicalement. Vous comprendrez clairement ce que signifie vivre la « belle » vie.

Vous aurez également la sagesse de savoir ce dont vous avez besoin et comment aider les autres. C'est la vie du Royaume. C'est le but que je cherchais il y a 24 ans.

Et, nos vies n'ont jamais été les mêmes. Bien sûr, cela a été difficile.

Mais cela en a valu la peine à chaque étape.

Et j'ai appris que chaque pas est un pas de foi.

« La foi » est le mot spirituel pour « la confiance ». Et quand vous faites un petit pas de foi, ce que vous déclarez est que vous avez confiance en Dieu et qu'il est votre Source.

Avec chaque petit pas de foi, vous vous éloignez de l'idée d'essayer de le faire par vos propres forces et vous vous dirigez vers la voie du Royaume.

Alors, faites un pas de foi et servez activement dans votre église locale.

Faites un pas de foi et payez la dîme.

Faites un pas de foi et sacrifiez de votre temps et de vos ressources.

Faites un pas de foi et soutenez votre pasteur.

Faites un pas de foi et lâchez tout ce qui peut vous empêcher de vous emparer de la vie que Dieu vous appelle à vivre.

Passez « d'impliqué » à « complètement impliqué ».

Vous n'avez que cette vie. Pourquoi la gaspiller à poursuivre les choses de ce monde ? Pourquoi la gaspiller à essayer de construire votre propre petit royaume ? Pourquoi la gaspiller à courir après les choses qui ne durent pas ?

Réveillez-vous.

Tournez-vous.

Et commencez à vous diriger dans la direction opposée. C'est ce que je veux dire par avancer à reculons.

L'AVANCEMENT NE FERA PAS TOUJOURS SENS

Il y a une histoire dans l'Ancien Testament où Israël est sur le point d'entrer en guerre (voir Juges 7). Gédéon est le chef d'Israël à ce moment-là et il a environ 32'000 combattants sous ses ordres. Pour prouver Sa puissance, Dieu ordonne à Gédéon de renvoyer une partie de ses troupes chez lui.

Ainsi, Gédéon demande à 22'000 hommes de rentrer chez eux.

Dieu n'étant toujours pas satisfait, Il ordonne à Gédéon de faire passer un test aux 10'000 restants. Dieu lui dit d'amener les hommes au bord d'une rivière. La majorité d'entre eux (9'700) boivent l'eau avec leur langue et 300 prennent l'eau dans leurs mains pour la boire.

Dieu dit à Gédéon de ne garder que les 300.

Maintenant, un petit détail que vous devez savoir est que l'ennemi d'Israël était les Madianites. Leur armée comptait 120'000 hommes.

Vous avez bien lu. Même avec toute la force initiale de Gédéon, ils perdaient en étant à 4 madianites contre 1 israélite.

Mais souvenez-vous, notre Dieu est le Dieu des opprimés. Il peut faire beaucoup plus que ce que nous pouvons imaginer.

Donc, ici nous le voyons augmenter l'écart à 400 madianites pour 1 israélite.

Ce calcul ne tient pas debout ! Mais c'est ce qui est étonnant avec Dieu. Il n'a pas besoin de chiffres.

Il n'a pas besoin d'avoir la chance de son côté. Non.

Il cherche des gens prêts à avancer fidèlement.

Même si cela semble impossible. Peu probable. Et, à l'envers.

Ce jour-là, 300 des hommes choisis par Dieu ont vaincu 120'000 ennemis.

Ça ressemble beaucoup à Kingdom Builders.

Dieu cherche aussi à faire l'impossible dans votre vie. Il cherche à voir si vous allez être une personne qu'Il peut utiliser. Si vous êtes prêt à vous sacrifier et à faire un pas de foi.

Et, un après cela.

Et, un autre après cela.

Je me suis rendu compte que la plupart des chrétiens seront comme les 31'700 qui ont été renvoyés chez eux. Mais le noyau du noyau... les Kingdom Builders – feront avancer le Royaume de façon sacrificielle.

Je ne sais pas pour vous, mais je veux être quelqu'un que Dieu peut utiliser. Je veux faire de petits pas de foi chaque jour. Je veux voir Dieu faire l'impossible dans ma vie et dans celle de mes enfants.

Je ne veux pas fuir les opportunités et les bénédictions.

Susan et moi voulons être des personnes de foi qui font confiance à Dieu dans les bons comme dans les mauvais moments. Qui font avancer le Royaume même s'il semble en retard.

Et je sais que cela ne fera pas toujours sens. Mais ce n'est pas pour rien que cela s'appelle la foi !

J'avais un voisin qui me criait à chaque fois qu'il me voyait : « Denton, je veux ta vie ! »

Ce type n'avait aucune idée du sacrifice et des difficultés que Susan et moi avions vécus, mais je pense qu'il voyait clairement quelque chose de différent en nous. Je pense qu'il pouvait voir la bénédiction de Dieu dans nos vies.

Je pense qu'il pouvait voir le Royaume caché en nous.

DEUXIÈME PARTIE

LES PARTENAIRES

MON ÉPOUSE

———

Ma femme, Susan, a été la force motrice depuis le premier jour. Au début de notre mariage, alors que nous faisions partie des Kingdom Builders depuis quelques années déjà, une jeune famille et nous, voulions faire un pas de plus dans notre engagement.

N'oubliez pas que je ne suis qu'un plombier. C'est tout ce que je sais faire. Je n'ai pas d'autre qualification. Alors que pourrions-nous faire de plus ?

Un soir, Susan et moi sommes assis autour de la table et discutons de la manière dont nous pouvons nous engager davantage.

Nous suivons donc un raisonnement logique.

Le plombier travaille pour le constructeur. Le constructeur travaille pour le promoteur immobilier. Alors qui gagne le plus d'argent ? Le promoteur bien sûr.

Alors on se dit : « D'accord. Faisons ça. »

Susan demande : « Qui parmi nos connaissances fait ce métier ? »

Il y avait un type à l'église qui venait juste d'acheter une grande parcelle de terrain pour y construire un duplex. Je l'ai mentionné et j'ai dit : « Je l'appellerai la semaine prochaine pour voir si je peux obtenir un rendez-vous avec lui. »

Susan réplique immédiatement : « Appelle-le maintenant ! »

Je lui réponds : « Je ne peux pas l'appeler maintenant, je sais qu'il est invité chez un autre membre de l'église pour le dîner ! »

Susan dit : « Oh, ce n'est pas grave. Son ami vit juste en bas de la rue. Va faire un tour et demande-lui ! »

Je lui répète : « Mais je ne peux pas y aller maintenant ! Ils sont en train de dîner ! »

Susan me répond : « Tu veux être promoteur ou pas ? »

Je me rends chez mon voisin où le promoteur dîne et je frappe à la porte. Mon voisin vient à la porte et me dit : « Salut, Andrew. Comment puis-je t'aider ? »

Je lui dis : « En fait, je suis ici pour parler à ton invité. » Mon voisin me regarde et réplique : « Est-ce qu'il sait que tu viens ?

Je réponds : « Non. »

Il dit : « Tu sais qu'on est en train de dîner, n'est-ce pas ? » Et je lui dis : « Oui, j'en ai pour une minute. »

Il me regarde fixement pendant un moment :

« D'accord, je vais le chercher. »

Le promoteur vient à la porte et dit : « Bonjour, mon pote. Comment puis-je t'aider ? »

Je lui dis : « Écoute, Susan et moi voulons augmenter nos dons et nous lancer dans la promotion immobilière. Je sais que tu en fais un peu et je me demandais si je pouvais prendre un café avec toi cette semaine ? »

Il réfléchit une seconde et répond : « J'ai regardé un projet aujourd'hui. Il est trop grand pour moi et même pour deux personnes. Tu connais une troisième personne ? »

Avec réticence, je lui réponds : « Oui. »

Il dit : « Cool ! Déjeunons demain et amène cette troisième personne. Je vais y retourner et finir le dîner maintenant. »

Je lui dis : « Super, merci. »

Je rentre chez moi et je rapporte la conversation à Susan lui expliquant que je dois trouver une troisième personne.

Elle dit : « Phillip. »

Je lui dis : « Phillip, qui ? »

Susan répond : « Phillip, ton frère ! »

Et ne comprenant pas très bien je dis : « Phillip, mon frère ? » Et elle dit : « C'est la troisième personne. »

Je lui dis : « Il ne va pas être intéressé. » Elle me dit : « Demande-lui. »

Phill a 26 ans à l'époque. Il est déjà millionnaire. Il est en train de construire une troisième maison. Il a beaucoup de succès. Il vit dans une grande maison qu'il s'est construite. Tout le monde pensait qu'il était un trafiquant de drogue parce que sa maison était tellement grande et lui, tellement jeune !

Alors, je me rends chez Phill et je frappe à la porte. Il vient m'ouvrir et dit : « Hé, mon frère, comment puis-je t'aider ? »

« Écoute, Susan et moi voulons nous lancer dans la promotion immobilière pour pouvoir augmenter nos dons à Kingdom Builders. J'ai fait le tour et j'ai parlé à un promoteur immobilier ce soir. Il a un projet potentiel qu'il pense trop grand pour deux personnes, alors il en cherche une troisième. Je suis allé demander à Susan qui pourrait être notre troisième personne et elle a pensé à toi."

Phill me regarde et me dit : « Quoi ? Tu plaisantes ? Je viens de parler à Melissa aujourd'hui et je lui ai dit que je ne pouvais pas suivre ce rythme, travaillé autant d'heures jour après jour. Je viens de lui dire que j'avais besoin d'être dans une entreprise qui a plus de flexibilité et que je peux opérer de n'importe où ».

Cette conversation a eu lieu il y a 21 ans. Depuis, nous avons fait les affaires ensemble. Andrew et Susan, Phill et Melissa.

Ce que j'essaye de dire avec cette histoire c'est ça : nous avons juste fait un pas.

Un pas de foi.

Et c'est ma femme qui m'a encouragé à agir. Je l'appelle affectueusement « Le facteur Susan ».

Tout au long des Écritures, Dieu nous dit qu'il n'est pas bon que l'homme soit seul. De la Genèse aux Proverbes, en passant par les écrits de Paul dans le Nouveau Testament, Dieu parle du pouvoir d'une épouse remplie de Dieu.

Tout au long de notre mariage, Susan a prié, travaillé et s'est tenue à mes côtés à chaque étape de l'aventure.

Elle a appris à nos enfants à craindre Dieu et à vivre une vie généreuse. Elle m'a encouragé à prendre des risques, à grandir et à donner.

Elle m'a montré la voie.

Proverbes 31:10-31 parle du genre de femme que Dieu utilise pour construire le Royaume :

> Une femme courageuse, qui la trouvera ? Elle a plus de valeur que des bijoux.
>
> Son mari a totalement confiance en elle, elle ne gaspille pas sa richesse.
>
> Elle lui fait du bien tous les jours de sa vie et jamais du mal.
>
> Elle cherche avec soin de la laine et du lin et elle travaille activement de ses mains.
>
> Comme les bateaux de marchandises, elle fait venir sa nourriture de loin.
>
> Elle se lève quand il fait encore nuit. Elle prépare le repas de sa famille et elle donne leur travail à ses servantes.
>
> Elle réfléchit puis elle achète un champ. Elle fait une plantation avec l'argent qu'elle a gagné.
>
> Elle se met au travail avec courage, elle ne reste jamais sans rien faire.
>
> Elle voit que ses affaires vont bien, sa lampe reste allumée tard dans la nuit.
>
> Ses mains filent activement la laine, ses doigts tissent les vêtements.
>
> Elle aide les malheureux et elle donne aux pauvres.
>
> Elle n'a pas peur du froid pour sa famille, car à la maison, tous ont de bons vêtements.
>
> Elle a fait des couvertures, et ses habits sont en lin fin d'un beau rouge.
>
> Son mari est un notable qu'on respecte. Il participe aux réunions des anciens de la ville.
>
> Elle coud des vêtements pour les vendre, elle

fait des ceintures et les vend au commerçant
qui passe.

Elle respire la force et la dignité, et elle regarde
l'avenir avec confiance.

Elle parle avec sagesse, elle donne ses enseigne
ments avec bonté.

Elle s'occupe de tout ce qui se passe dans sa
maison et refuse de rester les bras croisés.

Ses enfants lui font des compliments devant tout
le monde, son mari la félicite. Il dit : «
Beaucoup de femmes sont courageuses. Mais
toi, tu les dépasses toutes ! »

Le charme est trompeur, la beauté ne dure pas.
La femme qui respecte le Seigneur, elle seule
est digne de louanges.

Il faut la récompenser pour ce qu'elle fait. Toute la
ville doit chanter ses louanges pour son travail.

Ceci est la description de Susan ! Elle est un cadeau du ciel et ma meilleure amie depuis mon adolescence. Je ne peux pas imaginer vivre sans elle !

Lorsque je fais mes entretiens individuels après avoir donné mon discours sur les Kingdom Builders, je demande toujours à rencontrer des couples.

Pourquoi ?

À cause du « facteur Susan ».

Je sais qu'il y a d'autres Andrew et Susan Denton qui ont été appelés par Dieu pour financer le Royaume. Et c'est généralement la femme qui le reçoit en premier.

LA VISION DE SUSAN

Proverbes 29:18 dit :

> Quand personne ne prévoit l'avenir,
>> le peuple vit dans le désordre.
>> Mais celui qui obéit à la loi est heureux.

Cela résume ma vie avec Susan. Rien à ajouter.

La vision est le pouvoir de voir. Littéralement, c'est marcher avec Dieu. Entendre sa voix. Et, vivre en réponse à Sa volonté pour ma vie.

Susan fait cela.

Je le fais.

Et le résultat est que nous avons été bénis afin d'être une bénédiction.

Quand j'ai rencontré Susan pour la première fois, elle pouvait voir en moi ce que je ne voyais pas en moi-même. Je lui ai dit textuellement : « Tant que je suis avec mes outils et que je ne dois pas traiter avec des gens, je suis heureux. » Et elle s'est dit : « Oh, mon Dieu ! Ce n'est pas dans mon plan de vie. Mais voyons ce que Dieu peut faire avec ce diamant à l'état brut. »

Elle m'a donc poussé à dire « oui » à une entreprise de marketing. Bien que n'ayant pas eu beaucoup de succès dans les affaires, Susan savait que je partirais avec certaines compétences dans la matière, notamment en gestion et la prise de parole en public.

Pendant cinq ans, j'ai fait mon travail de plombier pendant la journée, je travaillais dans ma propre entreprise de plomberie l'après-midi et je faisais mes "petites affaires" dans le commerce parallèle le soir.

C'était dur.

Mais Susan voyait notre voie à suivre. Elle pouvait voir au-delà de ce que nous étions à l'époque, elle voyait déjà où Dieu nous appelait. Elle a compris que la seule façon d'avancer était d'arrêter d'essayer de le faire par nous-mêmes.

Susan était prête à réussir. Et moi aussi.

C'est à peu près à ce moment-là que j'ai commencé à voir ce que Dieu lui montrait depuis le début. J'ai arrêté les activités stressantes, je me suis humilié et j'ai écouté la voix de Dieu pour savoir où il nous appelait.

Cette année-là, les Kingdom Builders commençaient.

À PART ÉGALE

Dans la Genèse, nous voyons qu'il n'est pas bon que l'homme soit seul. De ce fait, Dieu donne Eve à Adam.

Dieu a donné Susan à Andrew.

Et laissez-moi vous dire - Dieu savait que j'avais besoin de quelqu'un pour me pousser, m'encourager, m'aimer et marcher à mes côtés. Quelqu'un qui ne me laisserait pas être confortable. Quelqu'un qui était aussi têtu que moi.

J'ai appris que la vie ne fonctionne pas sans un égal. Un partenaire. Un collaborateur.

À maintes reprises dans notre vie de couple, Dieu nous a parlé, à Susan et à moi. Et, encore et encore, nous avons été sur la même longueur d'onde. Encore et encore, nous avons donné, servi, adoré et semé ensemble.

L'apôtre Paul parle de l'égalité des partenaires :

> « N'allez pas avec ceux qui ne croient pas en Dieu, vous ne pouvez pas vivre ensemble. Ce qui est juste et ce qui est contraire à Dieu, est-ce que cela va ensemble ? Est-ce que la lumière va avec la nuit ? Est-ce que le Christ peut être d'accord avec Satan ? Est-ce qu'un croyant peut aller avec celui qui ne croit pas en Dieu ? Qu'est-ce qu'il y a de commun entre la maison de Dieu et les faux dieux ? Nous, nous sommes la maison du Dieu vivant. Dieu l'a dit :
> « Je vais habiter et vivre au milieu d'eux.
> Je serai leur Dieu, et ils seront mon peuple. »

(2 Corinthiens 6:14-16)

Susan me décrirait comme un homme loyal, travailleur et un bon ami. Je la décrirais comme étant généreuse, pieuse et intuitive.

C'est autant son histoire que la mienne. En fait, c'est l'histoire de notre collaboration dans les pas de foi. Nous sommes dans la même équipe. Nous avons la même vision.

Oui, la vie a été difficile.

Oui, la vie n'a pas toujours fonctionné comme nous le souhaitions.

Oui, nous avons été frustrés. Mais nous avons aussi fait confiance à Dieu et à l'autre.

LES ENFANTS
DE MES ENFANTS

———

Voici quelques-unes des promesses que Dieu n'a cessé de faire dans les Écritures pour veiller sur les enfants des fidèles :

> Le Seigneur votre Dieu purifiera votre cœur et le cœur de ceux qui naîtront après vous. Alors vous l'aimerez de tout votre cœur et de tout votre être. Ainsi, vous pourrez vivre. Tous les malheurs que je vous ai annoncés, il les enverra contre vos ennemis, contre ceux qui vous détestent et qui vous ont fait souffrir.

> **(Deutéronome 30:6-7)**

> « Est-ce qu'une femme oublie le bébé qu'elle
>   allaite ?
> Est-ce qu'elle cesse de montrer sa tendresse à
>   l'enfant qu'elle a porté ?
> Même si elle l'oubliait,
>   moi je ne t'oublierai jamais. »

> **(Ésaïe 49:15)**

Tous tes enfants seront instruits par l'Eternel et
la paix de tes fils sera très grand.

(Ésaïe 54:13 BDS)

Mais voici ce que le Seigneur lui dit :
« Ne gémis plus, arrête de pleurer !
Moi, le Seigneur, je le déclare :
Je récompenserai tes efforts.
Tes enfants reviendront du pays ennemi. »
Le Seigneur déclare :
« Il y a de l'espoir pour ton avenir.
Tes enfants reviendront sur leur territoire. »

(Jérémie 31:16-17)

Mon fils, n'oublie pas l'éducation que je t'ai
donnée
et que ton cœur retienne mes préceptes,
car ils rallongeront tes jours et ajouteront des
années à la durée de ta vie
et t'assureront le bonheur.

(Proverbes 3:1-2 BDS)

Donne à un enfant de bonnes habitudes dès ses
premières années.
Il les gardera même dans sa vieillesse.

(Proverbes 22:6)

J'ai été jeune et maintenant je suis vieux.
Mais je n'ai jamais vu quelqu'un qui obéit à Dieu
rester sans secours, je n'ai jamais vu ses

enfants mendier leur nourriture.

Tous les jours, celui qui obéit à Dieu a pitié et il
prête, ses enfants sont pour lui une
bénédiction.

(Psaumes 37:25-26)

« Mon peuple, écoute mon enseignement, tends
l'oreille à mes paroles !
Je vais utiliser des comparaisons
et tirer du passé un enseignement caché.
Nous avons entendu parler des événements
d'autrefois, nous les connaissons.
Nos parents nous les ont racontés :
nous ne les cacherons pas à nos enfants.
Nous raconterons aux générations qui viennent
les actions glorieuses du Seigneur,
sa puissance et les choses magnifiques qu'il a
faites. »

(Psaumes 78:1-4)

Les experts religieux estiment que la Bible contient
près de 3'000 promesses de Dieu. Je ne sais pas pour
vous, mais je trouve que c'est une bonne nouvelle.

Cela signifie que l'on peut faire confiance à Dieu.

Il veut nous bénir.

Susan et moi l'avons vu à maintes reprises dans la vie
de nos enfants. Nous l'avons vu car Il nous a donné deux
belles-filles et un gendre qui suivent Dieu.

Et nous le voyons même maintenant dans la vie de nos
petits-enfants.

Je passe tous les mercredis à la maison avec Dallas.

Pardon, je veux dire : il passe tous les mercredis avec grand-pa ! Je n'avais aucune idée de ce que je manquais quand mes enfants étaient jeunes. Avec toutes les heures que j'ai passées à essayer de créer une vie, j'en suis venu à la rater. Et je me suis engagé à ne pas refaire la même erreur. Je ne peux même pas commencer à vous dire quelle bénédiction sont les petits-enfants !

LES DENTONS

Si vous avez passé du temps sur le campus principal d'Hillsong à Sydney, vous avez certainement rencontré une partie de ma famille. Nous sommes nombreux. Mon père était pasteur à l'église, nous sommes tous impliqués, et maintenant, les enfants de nos enfants le sont également.

Prenez nos trois enfants qui sont arrivés dans notre famille par mariage.

Jono a épousé une Américaine, Kmy. C'est une Texane qui craint Dieu du plus profond de son cœur. Elle est venue pour le Collège Biblique d'Hillsong et Jono l'a courtisée comme un fou. Elle vous dirait qu'elle a dit « oui » à Jono à cause de notre famille. Quand elle est entrée dans notre maison, elle s'est sentie comme chez elle. Et, même si elle aimait vraiment Jono, Kmy dit que c'est la famille qui l'a poussée à sortir avec lui.

Elisabetta est entrée dans notre famille en tant qu'amie d'Anna. Elle a déménagé, est revenue, puis est tombée amoureuse de notre deuxième fils, Mitch. Elle a été attirée par le travail acharné et la fidélité de nos enfants, en particulier de Mitch. Elle est un cadeau très spécial pour toute notre famille depuis qu'ils se sont mis ensemble !

Et puis il y a Ehsan, le mari d'Anna. Comme la plupart des pères, aucun homme n'a jamais été assez bien pour sa petite fille. Mais, Ehsan se rapproche. Il apprend. J'ai rencontré ce jeune homme lors d'un événement des Kingdom Builders. Il a travaillé un peu avec moi à la maison. Il s'est avéré qu'il avait remarqué Anna et qu'elle l'avait remarqué, mais il avait trop peur de demander son numéro. Alors, je le lui ai donné. Et il n'a pas manqué l'occasion !

Demandez à n'importe lequel de nos enfants ou à leur conjoint et ils vous diront que les Denton sont connus pour leur engagement envers l'église et pour être une famille unie.

Nous avons toujours essayé d'inculquer un sentiment d'unité à nos enfants.

Nous les avons aimés en les disciplinant. Et nous avons fait de la famille une priorité dans tout ce que nous faisions...

Les déjeuners du dimanche. Vacances en famille.

Et nous sommes tous inclus dans la vie des autres, nous sommes présents dans les hauts et les bas de chacun. Les anniversaires, les fêtes et les petites célébrations de toutes sortes.

Nous ne sommes pas parfaits. Nous ne prétendons pas l'être. Mais nous sommes aimables. Nous sommes généreux. Nous sommes indulgents.

Et, nous sommes une famille.

BÉNIS AFIN D'ÊTRE UNE BÉNÉDICTION

Lorsque nos enfants étaient encore petits, Susan et moi priions pour eux et demandions à Dieu de faire qu'ils soient « la tête, et non la queue ». Qu'ils soient bénis, afin, qu'à leur tour, ils puissent être une bénédiction. Pour qu'ils soient bons et généreux » (voir Deutéronome 28:13).

Nous voulions apprendre à nos enfants à travailler dur, afin qu'ils puissent avoir les ressources nécessaires, qu'ils puissent être dans l'abondance et non dans le manque afin d'aider les autres.

Nous leur avons appris à prendre soin de ce qu'ils avaient afin qu'ils puissent prendre soin des autres. À être sages avec leurs ressources et à économiser.

Vous voyez, plus votre capacité est grande, plus la bénédiction est grande. C'est une leçon simple que nous voulons vivre et modeler.

L'une des choses que nous avons faites pour eux, et que nous faisons encore aujourd'hui, est d'avoir une politique de porte ouverte dans notre maison. Leurs amis sont toujours les bienvenus chez nous.

Nous voulons faire de la place pour ceux qui sont dans le besoin. Nous voulons que notre maison soit un refuge.

Nous voulons vivre une vie généreuse. Nous voulons pouvoir accueillir des gens. Nous voulons bénir les autres.

Et nos enfants ont appris à faire de même.

Dieu fait une promesse à Abraham. En paraphrasant, il dit cela : « Je vais réécrire l'histoire à travers l'enfant de tes enfants » (voir Genèse 12).

Dieu va bénir les enfants d'Abraham de génération

en génération.

Pourquoi ?

Parce que Dieu est Dieu. C'est dans Sa nature. C'est ce qu'Il fait.

Et à cause de la foi d'Abraham.

Je pense que la plupart des chrétiens vivent de petites vies. Ils ne risquent pas ou ne croient pas pour une vie plus grande. Ils n'espèrent ni ne prient pour que les générations après eux connaissent Dieu et lui fassent confiance.

J'avais si peu de foi ! La foi est une question de capacité. Il s'agit de savoir dans quelle mesure on peut vous faire confiance ou dans quelle mesure vous pouvez être béni.

Susan et moi avons découvert que Dieu nous met à l'épreuve.

Il vous en donnera un peu et verra comment vous l'utiliserez. Puis Il vous en donnera un peu plus.

Et ensuite, un peu plus.

Avant que vous ne le sachiez, Il vous bénira au-delà de tout ce que vous pouvez demander, penser ou imaginer. Il l'a fait encore et encore dans notre vie et dans celle de nos enfants.

Pourquoi ?

Parce que nous avons été fidèles. Parce que nous avons eu confiance en Ses promesses. Parce que nous nous sommes « complètement impliqué » avec Lui. Parce que nous vivons avec un but.

Je crois que Dieu cherche des hommes et des femmes qui feront un petit pas de foi.

Qui refuseront de courir après les solutions rapides et la satisfaction instantanée.

Qui renonceront à essayer de « réussir ».

Et qui, au lieu de cela, feront confiance à Celui qui a tout fait. Dieu veut vous bénir.

Il le veut vraiment.

CE N'EST JAMAIS TROP TARD

Dans les évangiles, Jésus raconte l'histoire d'un riche fermier qui avait deux fils (voir Luc 15:11-22). L'un des fils est dévoué, obéissant, toujours disponible et prêt à aider son père. L'autre fils est un peu plus sauvage. Un rebelle.

Le fils cadet vient voir son père et lui demande son héritage. Le père ne discute pas. Il lui donne ce qu'il demande et le fils poursuit son chemin. Jésus nous dit que le fils cadet en profite un maximum. Il gaspille ce que son père lui a donné en allant auprès de prostituées, en buvant et en menant une vie sauvage.

Jusqu'à ce qu'il arrive au bout de ses ressources, sans autre solution que de retourner chez son père.

Il y va et son père le voyant arriver fait quelque chose d'étonnant : il l'accueille à bras ouverts et organise une fête en son honneur.

Le frère aîné ayant appris ce qui était en train de se passer, se met très en colère et refuse de participer à la fête. Son père va donc lui parler et lui affirme qu'il a toujours sa place dans la famille ainsi que sa grâce.

Comme la plupart des paraboles de Jésus, cette histoire connue a plusieurs significations.

Dieu est un Père généreux qui est prêt à vous bénir.

Dieu ne fait pas de favoritisme et est prêt à vous pardonner, quelle que soit la partie de vie que vous avez gaspillée.

Et Dieu se soucie de votre cœur. Le fils aîné avait un cœur jaloux. Le fils cadet avait un cœur rebelle. Dieu cherche des cœurs ouverts.

Souvenez-vous : Kingdom Builders est une attitude de cœur. C'est une question d'abandon, d'humilité, de confiance et d'être prêt à apprendre. Je suis un père avec trois fils et trois filles. Heureusement, aucun de mes enfants ou de leurs conjoints ne s'est rebellé contre moi ou contre Dieu.

Mais, laissez-moi vous dire que je les aimerais tout autant et je ferais confiance à Dieu pour qu'ils reviennent, tout comme le fils prodigue.

Donc, si vous lisez ceci et que vous pensez que vous êtes trop loin pour que Dieu se serve de vous, eh bien, vous avez tort.

Dieu est dans le domaine de la restauration. Il va bouleverser votre vie et la mettre sens dessus dessous. Mais Il attend que vous vous réveilliez. Pour que vous arrêtiez de vous sous-estimer. Pour que vous arrêtiez de gaspiller la bénédiction de Dieu.

Vous n'avez pas à porter une malédiction générationnelle dans le futur. Vous pouvez la briser.

Tout ce qu'il faut, c'est un petit pas de foi.

Tout ce que vous avez à faire, c'est de reprendre vos esprits comme le fils prodigue et de rentrer chez vous.

Votre Père céleste vous attend. Il observe. Et Il prêt à venir à votre rencontre en courant pour qu'Il puisse vous bénir et faire de vous une bénédiction. Demandez à mes enfants.

MON PASTEUR

———

Mon pasteur n'est pas parfait.

En fait, il est loin de l'être. Pour commencer, c'est un « Kiwi » (Néo-Zélandais). Mais je ne lui en veux pas. J'ai épousé une « Kiwi », donc j'aime beaucoup les Néo-Zélandais.

Une chose est sûre, c'est qu'il est visionnaire.

Les Écritures nous disent dans les Proverbes 29 que sans vision, le peuple périt (voir v.18). Ce qui me dit que c'est le contraire qui est vrai.

Au début des années 90, Dieu lui a donné une image de l'avenir. Une vision.

Plus précisément, une église locale ayant une portée mondiale. Un mouvement à l'esprit royal pour la Cause du Christ. Un réseau d'églises à travers la planète qui ont eu une influence sur des millions de personnes pour l'Évangile.

Ce qui a commencé comme quelques chrétiens se réunissant dans un auditorium d'école dans la ban-lieue nord-ouest de Sydney s'est maintenant développé pour atteindre plus de 150'000 personnes qui célèbrent ensemble le service sur tous les continents. Une maison, plusieurs pièces.

L'église Hillsong est une famille globale.

Mais mon pasteur est local. Je le connais par son nom. Il me connaît et je lui fais confiance.

Pourquoi ?

Parce que, comme je l'ai déjà dit, je peux voir le fruit de sa vie et de son ministère.

Kingdom Builders est une extension des cœurs de Pasteurs Brian et Bobbie pour les nations. Pour voir des églises significatives et apostoliques dans les communautés locales qui ne peuvent être ignorées en raison des contributions importantes qu'elles apportent.

L'une des principales raisons pour lesquelles Hillsong a pris une dimension mondiale est parce que quelques Kingdom Builders ont saisi la vision de notre pasteur. Et nous avons été en mesure de venir en force pour faire de cette vision une réalité.

La plupart des pasteurs n'ont pas la vision de Pasteur Brian.

Je crois sincèrement que Pasteur Brian est un leader unique de notre génération. C'est son cœur et l'appel de Dieu qui ont suscité le commencement de Kingdom Builders. Cela fait plus de 24 ans que je le suis.

J'ai confiance en lui.

Et je le soutiens.

Pasteur Brian ne m'a jamais demandé, ni à aucun des Kingdom Builders, de faire quoi que ce soit que lui-même ne soit pas prêt à faire. Il est lui-même un Kingdom

Builder depuis le premier jour. Et je sais qu'il y a eu des moments dans la vie des Kingdom Builders où il a été le plus grand donateur du groupe.

C'est une âme généreuse. Il y a eu d'innombrables fois où j'ai dû me battre avec lui pour payer l'addition du dîner. Et c'est lui qui paie, pas l'église.

Un des leitmotivs de Pasteur Brian est : « Les dépenses sont saisonnières. La générosité est un style de vie ». Bobbie et lui vivent cela.

LES "INOFFENSABLES"

Pasteur Brian soutient pleinement les Kingdom Builders mais ne nous traite pas différemment. Il prend du temps pour nous. Il nous honore.

Nous avons une retraite annuelle en tant que Kingdom Builders. C'est la seule fois où Pasteur Brian annonce quoi que ce soit qui nous concerne en tant que groupe. Il passe tout le week-end avec nous et depuis le lieu de retraite, nous nous connectons par satellite au reste des campus le dimanche.

Il parle généralement un peu de nous, mais ce n'est pas le principal, juste un simple mot pour dire que nous sommes un petit groupe qui croyons que notre but est de financer le Royaume.

Ce qui suscite généralement un peu de curiosité parmi le reste de l'église.

Vous voyez, nous sommes le noyau du noyau.

Nous sommes le groupe qui a franchi la ligne et qui est

passé d'« impliqué » à « complètement impliqué ».

J'aime bien nous appeler les « Inoffensables ».

Peu importe ce qui se passe, nous avons le soutien de Pasteur Brian.

Cela ne veut pas dire que j'aime toujours ce qu'il dit. Un dimanche, Pasteur Brian a prêché un sermon intitulé "Quant à moi et à ma maison, nous servirons le Seigneur." Je suis là, à prendre des notes avec ma Bible ouverte. Et soudain, il dit à l'assemblée : « Vous voulez voir un exemple de « Moi et ma maison, nous servons le

Seigneur » ? Il se retourne et indique l'endroit où Susan et moi sommes assis, et continue, « Andrew et Susan Denton là-bas. Regardez-les. » Il descend de l'estrade.

Ensuite, il a l'audace de m'envoyer un SMS disant :

« Je t'ai un peu pointé du doigt ce matin. »

Je lui réponds : « Un peu ? Tu viens de me dénoncer mec ! Je ne peux plus passer inaperçu, tout le monde va me regarder maintenant. »

Mais c'était Pasteur Brian. Il avait déjà en vue le fait que j'étais un des « Inoffensables ».

Mais ce qui m'a frappé, c'est que tout le monde me regardait déjà.

Ils voulaient voir si j'étais authentique.

Susan et moi le sommes.

Et que ce soit la vallée ou le sommet de la montagne, nous soutenons Pasteur Brian.

ROIS ET PRÊTRES

Pasteur Brian aime aider les gens. Il aime les voir vivre leur plein potentiel. En fin de compte, il s'engage à faire tout ce qu'il peut pour atteindre les gens et les connecter à Jésus.

Il croit aux miracles.

Il dirige depuis le front.

Il voyage, parle et écrit, tout cela pour la Cause du Christ.

Son rôle est vaste et global aujourd'hui. Mais sa mission n'a pas changé au cours des 37 années où il a été le pasteur d'Hillsong. Et c'est la mission des Kingdom Builders.

De l'Ukraine à l'Espagne, de l'Amérique du Nord à l'Autriche, il défend la Cause du Christ. Il construit le Royaume.

Son rôle est la vision. C'est un prêtre. Mon rôle en tant que Kingdom Builder est de pourvoir afin de financer le Royaume.

Pasteur Brian appelle cela les « Rois et Prêtres ».

Le rôle du prêtre dans les Écritures est de réconcilier les gens avec Dieu. C'est le cœur de Pasteur Brian. C'est sa vocation. Son ministère.

Mon rôle en tant que Kingdom Builder est d'aider à financer le Royaume. De lever une offrande au-delà des attentes afin que le message de l'Évangile puisse être transmis au monde.

Les deux vont main dans la main ; la vision et la provision. La vision est une image de l'avenir et les provisions sont les ressources pour voir cette image se réaliser.

Peut-être, juste peut-être, c'est également votre vocation ?

De pourvoir. De travailler dur. De donner avec sacrifice pour que la vision de votre pasteur puisse devenir réalité.

Et puis, c'est le rôle d'un roi : protéger et pourvoir.

LE ROLE DU PASTEUR

J'ai pris la décision, il y a 16 ans, d'employer des personnes plus intelligentes que moi.

J'ai appris cela de Pasteur Brian. Il a toujours eu ces pasteurs et leaders super talentueux à ses côtés.

Les gens lui demandaient : « Ne vous sentez-vous pas menacé par eux ? » Et Pasteur Brian répondait : « Non. C'est un honneur d'avoir des gens aussi intelligents et créatifs avec qui travailler. Grâce à leurs dons, l'église Hillsong est capable d'innover, de progresser et de s'épanouir. Honnêtement, ils me donnent une bonne image. Je dirige depuis le front, mais je ne pourrais pas avoir ce genre de portée et de perspicacité sans mes collègues ».

Ce genre de leadership nécessite de la confiance et de l'humilité.

Et il faut une incroyable capacité à identifier et à repérer le bon type de talent pour le cultiver. Et il faut soi-même s'écarter du chemin.

Je crois que la raison pour laquelle beaucoup de pasteurs échouent est qu'ils sont trop égocentriques. Ils ont trop de fierté. Ils ont l'impression qu'ils doivent être maîtres de la situation.

Ce n'est pas le genre de leader que Dieu promet dans Jérémie chapitre 3.

J'ai également vu Pasteur Brian être un leader fort et décisif. Les gens ne veulent pas suivre un leader sans aucune personnalité. Ils veulent suivre un leader dont la vision est droite et vraie.

Les pasteurs doivent s'obstiner à chercher l'or chez les gens. J'ai vu Pasteur Brian faire cela à maintes reprises au cours des années où j'ai suivi son leadership. Et ça marche.

Pourquoi ?

Parce qu'il élève la prochaine génération de rois et de prêtres dans l'Église.

Les pasteurs doivent également être à l'écoute de la sagesse collective. Pour cela, il faut avoir le courage de demander de l'aide. Ils doivent avoir l'attitude que tout ne tourne pas autour d'eux. Ils ne savent pas tout. Ils n'ont pas toutes les réponses.

Je me souviens qu'il y a quatre ou cinq ans, j'ai dit quelque chose qui dépassait les bornes. Pasteur Brian m'a confronté et il m'a dit : « Tu as une grande gueule, Denton. » J'ai dit : « Oui, tu as raison. Je vais m'excuser. »

Il m'a regardé et m'a dit : « Andrew, tu sais ce que j'aime le plus chez toi ? Tu es enseignable. »

Les pasteurs doivent également être capables d'aller chercher loin et savoir quand se battre pour l'avenir. On ne peut pas les arrêter. Infatigables.

Les pasteurs doivent également être capables de donner la priorité à leur propre bien-être. C'est une question de discipline. Et être assez forts pour dire « Non ». Ce qui revient à être capables de prendre des décisions courageuses.

Les pasteurs doivent diriger depuis le front. Tout comme Pasteur Brian qui ne demande à personne de faire ce qu'il n'est pas prêt à faire lui-même.

De faire plus que ce pour quoi ils sont payés. De donner plus que ce qu'ils doivent. De faire plus d'efforts qu'ils ne le veulent. De consommer moins que ce qu'ils désirent. Aider plus qu'il ne faut. Et de perdre moins de temps qu'ils ne le devraient.

Enfin, je suis certain que les pasteurs doivent être intuitifs. Ils doivent être capables de voir des choses cachées. Cela exige une vie de prière riche et profonde.

Si vous êtes pasteur et que vous lisez ceci, sachez que les gens que vous essayez de diriger n'iront jamais plus loin que vous. Votre troupeau ne vous dépassera jamais. Ils ne donneront jamais plus que vous. Ils ne serviront jamais plus que vous.

Si cette liste crée en vous un sentiment de désespoir c'est une bonne chose.

Dieu est un Dieu de transformation. Il promet de nous donner un nouveau cœur et un nouvel esprit. Et cette promesse s'applique à vous.

Ce que j'aime chez Pasteur Brian et Bobbie, c'est qu'ils vivent cela.

Leur vision pour l'église Hillsong va au-delà d'eux. Il le faut.

Et ce n'est pas à propos d'eux. Il s'agit de faire avancer le Royaume de Dieu. La Cause du Christ qui avance. Et le peuple de Dieu vivant l'Évangile dans des lieux significatifs et influents tout autour du globe.

LA PROMESSE DE DIEU
CONCERNANT LA VISION

Luc reprend une parole prophétique de Joël sur l'Eglise :

« Dieu dit : Dans les derniers jours,
    je donnerai mon Esprit à tous.
      Vos fils et vos filles parleront de ma part.
Je ferai voir des choses nouvelles à vos jeunes gens,
    j'enverrai des rêves à vos vieillards.
Oui, en ces jours-là,
je donnerai mon Esprit
    à mes serviteurs et à mes servantes,
    et ils parleront de ma part.
Je ferai des choses extraordinaires
    en haut dans le ciel
    et des choses étonnantes en bas sur la terre.
Il y aura du sang, du feu
    et des nuages de fumée.
Le soleil deviendra sombre
    et la lune sera rouge comme du sang.
Ensuite, le jour du Seigneur viendra,
    ce jour grand et magnifique.
Alors tous ceux qui feront appel au Seigneur
    seront sauvés.

(Actes 2:17-21)

Si votre église ne grandit pas, je vous demanderais de vérifier votre cœur.

Croyez-vous aux promesses de Dieu ? Faites-vous des pas de foi ?

Combien grande est votre vision ?

Avez-vous réellement une vision ? Votre vision est-elle trop petite ?

Mon ami Lee Domingue a un dicton : « Le pasteur donne la vision, mais les Kingdom Builders donnent le rythme. »

La vision est votre capacité à voir l'avenir afin d'articuler clairement ce que vous voyez pour votre église. Et ensuite les appeler, les équiper et leur donner du pouvoir.

Il faut que vous compreniez ceci !

La plupart des églises sont bloquées à 300 personnes parce que la plupart des pasteurs ont peur de rêver plus grand que ce qu'ils ont la capacité de diriger. Si c'est vous, vous êtes en train de paralyser votre congrégation par votre incapacité à vous développer.

Vous empêchez votre congrégation de se développer parce que vous ne voulez pas grandir personnellement dans votre marche spirituelle et dans vos compétences. Je dirais que vous les arnaquez. Vous les privez de ce que Dieu veut faire dans leur vie et dans la vie de votre communauté.

La portée d'Hillsong est au-delà de tout ce que nous pourrions demander, penser ou imaginer, car Pasteur Brian n'a jamais cessé de rêver. Il n'a pas cessé de croire. Il n'a pas cessé d'accroître ses propres capacités.

Au fil des ans, j'ai vu Pasteur Brian se développer et, par conséquent, nous avons une portée mondiale. Une famille mondiale.

Une maison, plusieurs pièces.

MON RÉSEAU

———

Dieter Conrad et moi nous sommes rencontrés il y a sept ans après une conférence sur les Kingdom Builders que j'ai donnée dans son église.

Dieter avait beaucoup de grands rêves. Et je me souviens avoir pensé, « Ouah ! Vraiment ? »

Il était « complètement impliqué ». Il avait la bonne attitude de cœur.

Mais il n'avait encore rien fait de significatif. A l'époque, il travaillait encore pour quelqu'un d'autre.

Je ne l'ai pas vu pendant plusieurs années. Quand je l'ai revu quatre ans plus tard, il était le plus grand donateur de l'église Hillsong en Allemagne. Il faisait partie du conseil d'administration de Compassion Allemagne. Il a siégé au conseil d'administration de Vision Rescue pour l'Allemagne.

Et, depuis la dernière fois que je l'ai vu, il avait créé sa propre entreprise et gagnait sept fois plus qu'avant. Pas le double. Sept fois plus.

Sa vie avait complètement changé lorsqu'il a découvert

qu'il avait pour but de devenir un Kingdom Builder.

C'est un homme extraordinaire et son histoire l'est aussi.

J'ai rencontré un autre jeune homme en Allemagne qui a fait un trajet de trois heures juste pour me rencontrer 15 minutes. Nous avions fait connaissance deux ans auparavant et je me souviens lui avoir demandé : « Pourquoi croyez-vous en Dieu ? Quelle est l'ampleur de vos rêves ? »

Et il m'a répondu qu'il aimerait travailler pour une certaine entreprise.

Deux ans plus tard, lorsque nous nous sommes revus, il m'a dit : « Andrew, mes prières ont été exaucées. Je vais travailler pour cette entreprise. Mais, ce n'est pas tout. Je vais être leur PDG !"

Il a dit : « Il y a deux ans, ce qui était au-delà de ce que je pouvais demander, penser ou imaginer, c'était même de travailler pour cette entreprise. Mais y aller et commencer comme PDG... C'est tout simplement ridicule ».

Et puis il y a Juan Marcos à Barcelone. C'était un homme célibataire quand je l'ai rencontré pour la première fois dans une entreprise. Il ne pensait pas pouvoir signer un chèque de 2'000 euros.

Aujourd'hui, il est marié à une belle jeune femme. Et il fait des chèques de 20'000 et 30'000 euros. Ses activités ont atteint un niveau supérieur en tant que Kingdom Builder. Il connaît son but.

Ce ne sont que trois histoires parmi des centaines que je pourrais vous raconter. C'est pourquoi je n'arrêterai jamais de faire ce que je fais, c'est-à-dire raconter mon histoire et celle des Kingdom Builders. J'aime que les gens se réveillent. Leurs vies changent. Ils commencent à comprendre leur but. Ils regardent Dieu aller au-delà de ce qu'ils auraient pu imaginer. Voir Dieu faire abondamment plus que ce qu'ils ne pourraient jamais demander, penser ou imaginer. J'aime voir les gens faire confiance à Dieu. Faire des pas de foi.

Et, j'aime voir des pasteurs qui ont faim. Désespérés de voir des Kingdom Builders se lever...

PARTENARIAT DANS L'ÉVANGILE

Aujourd'hui, je ressens le poids de ce message. Je connais l'impact sur les églises où je vais parler. Mais je sais aussi que je m'adresse à des personnes spécifiques. Des hommes et des femmes comme vous, qui cherchent quelque chose de plus. Quelque chose de significatif. Quelque chose qui mérite que vous y consacriez votre vie, votre carrière et votre famille.

Je sais aussi que le diable n'est pas content que je parle. Je sais que je suis un homme repéré. Il ne veut pas que les gens entendent ce message. C'est pourquoi, je prie chaque fois que je partage mon message.

Je demande à Dieu d'ouvrir les cœurs et les esprits pour qu'ils entendent la vérité et la puissance de ce message.

Je sais que si une seule personne, ce 1% de la congrégation, saisit ce message, la différence qu'elle peut faire est énorme. Mais, que se passe-t-il si la moitié de la salle le reçoit ?

C'est pour cela que je prie. Je cherche des partenaires.

J'étais en Allemagne, à Constance, dans une petite ville

touristique similaire à Queenstown, en Nouvelle-Zélande, d'où ma femme est originaire, et je partageais le message des Kingdom Builders.

À l'époque, il était évident que la ville de Düsseldorf, financièrement influente et très bien établie, serait un choix très judicieux pour être le siège d'Hillsong. C'est une ville très riche et très peuplée.

Cependant, c'est à Constance que je me suis senti conduit par Dieu à prophétiser sur la congrégation. J'ai prié : « Tout comme Baulkham Hills, une petite banlieue de Sydney, a ouvert la voie en ce qui concerne Kingdom Builders, je crois qu'à partir de la petite ville de Constance ici, vous ne financerez pas seulement l'Allemagne, mais aussi les pays voisins ».

Cependant, une prophétie ne devrait jamais que confirmer ce qui se trouve déjà sur le cœur de quelqu'un.

Les pasteurs principaux, Freimut et Joanna Haverkamp, étaient là et étaient peu connus à l'époque, ils avaient également reçu dans leur cœur qu'ils ne devaient pas déménager à Düsseldorf, mais rester à Constance. Mais cette décision n'avait pas encore reçu une confirmation. C'est mon message qui le leur a donné.

Ce message des Kingdom Builders est un message d'obéissance. Entendre la voix de Dieu et vivre en répondant à cet appel.

Je le vis en portant le message autour du globe. Et j'ai vu des partenaires de l'Évangile, des Kingdom Builders, partout sur la planète qui s'engagent à devenir « complètement impliqué ».

TESTER DIEU

Lorsque je voyage en partageant ce message de financer le Royaume, il m'arrive souvent qu'une personne mariée me demande : « Comment puis-je être sur la même longueur d'onde que mon conjoint lorsqu'il s'agit de donner ? »

Je me tourne toujours vers le livre de Malachie :

> Apportez donc vos dîmes dans leur totalité au trésor du Temple pour qu'il y ait des vivres dans ma demeure ! De cette façon-là, mettez-moi à l'épreuve, déclare l'Eternel, le Seigneur des armées célestes : alors vous verrez bien si, de mon côté, je n'ouvre pas pour vous les écluses des cieux, et ne vous comble pas avec surabondance de ma bénédiction.
>
> **(Malachie 3:10 BDS)**

Je demande aux couples : « Avez-vous testé Dieu ? » Dieu nous dit de Le tester.

Et, je partage la même histoire. Un dimanche, je suis assis à l'église et je regarde à travers l'auditorium où je vois un jeune homme qui est à l'église depuis un certain temps. Il est allé au Collège biblique et il est sur le point de retourner en Europe pour fonder une église.

À ce moment-là, Dieu me met sur le cœur de semer dans son ministère. Et je me dis : « Cool, Seigneur. Combien ? »

Il me donne le chiffre. Boom. Juste comme ça.

Puis je dis : « D'accord, mon Dieu. Tu connais le marché. Dis-le à Susan. Elle doit le savoir. »

Je m'attends à recevoir un coup de coude de sa part immédiatement. Il ne se passe rien. Le service se termine et j'attends toujours que quelque chose se passe.

On sort ensemble sur le parking. Rien.

Nous montons dans la voiture et je suis sur le point de mettre le contact quand Susan dit : « Hé, je crois que Dieu me dit qu'aujourd'hui nous devrions semer dans le ministère de Stuart ».

Et je réponds : « Oh, vraiment ? Combien ? »

Alors Susan répond avec le montant exact que Dieu m'avait révélé. J'ai pleuré parce que je suis un grand sensible.

Nous avons été obéissants et nous l'avons fait.

Un dimanche, il vient chez nous pour partager un repas. En sortant, je lui tends une carte avec l'argent à l'intérieur. Il n'a aucune idée de ce qu'il y a dans la carte.

Cela a eu un impact énorme sur Stuart.

A tel point que ses grands-parents nous ont écrit des mois plus tard pour nous remercier de ce que cela signifiait pour sa vie et son ministère.

Depuis, j'ai raconté cette histoire partout où j'ai voyagé depuis un certain temps. C'est cette histoire que je raconte chaque fois que les gens me demandent comment ils peuvent être sur la même longueur d'onde avec leur conjoint.

Tout d'abord, en tant que mari, j'avais mon antenne spirituelle déployée pour entendre Dieu. Et je L'ai entendu parler.

Deuxièmement, j'ai testé Dieu. « Très bien, Dieu. Alors dis-le à Susan. »

Troisièmement, elle avait son antenne spirituelle

déployée et elle L'a aussi entendu parler.

Quatrièmement, nous avons été obéissants, nous l'avons fait. En conséquent, un homme et son ministère ont été bénis.

Il y a quelques années, j'étais en Europe pour parler. Stuart l'a appris et m'a appelé. Il m'a demandé s'il pouvait venir m'entendre parler et j'ai dit : « Bien sûr ». Puis je me suis dit : « Il faut que je trouve une nouvelle histoire. »

J'ai donc prié : « Dieu, aide-moi à trouver ce que je dois partager ».

Dieu a répondu : « Pourquoi ? Qu'est-ce qui ne va pas dans cette histoire ? »

« Eh bien, Stuart va être là ce soir, Dieu. Ça va être un peu bizarre, non ? »

Dieu a dit : « Tu me fais confiance ou pas ? »

Alors je fais mon discours et bien sûr, la question de savoir si les deux parties sont sur la même longueur d'onde se pose alors que je suis juste en face de Stuart. Je raconte son histoire. Pendant que je la raconte, il se dit : « Il parle de moi. Il parle de moi. »

Quand est venu le moment dans l'histoire où ses grands-parents m'ont écrit, il ne savait pas qu'ils l'avaient fait. Alors, après la rencontre, il m'attrape et me dit : « Andrew, tu ne sais pas ce que ça a signifié pour moi. L'argent que vous et Susan m'avez donné était la somme exacte dont j'avais besoin pour mettre de l'ordre dans ma vie et démarrer mon ministère ».

Ça vient par le fait d'être obéissants et unis. Sur la même page spirituellement. Des partenaires égaux dans l'Évangile.

MON PROTÉGÉ

J'ai voyagé partout dans le monde pour partager mon histoire, soutenir l'Église locale et défendre ma vocation de financer le Royaume. Et la chose remarquable que j'ai trouvée dans chaque église où je me suis levé pour parler, c'est la poignée de personnes qui, tout comme Susan et moi, attendaient d'entendre ce simple message.

À maintes reprises, j'ai vu des futurs Kingdom Builders se proposer. Ils lèvent la main et disent, « Tu peux compter sur moi ».

Un de ces types, que j'ai déjà mentionné dans le livre, est Henry Brandt. C'est le chrétien de Stockholm qui m'avait emmené dîner avec sa femme. Ils avaient jeûné et prié pour le lancement de Kingdom Builder et Dieu leur avait donné Matthieu 6:33 comme passage à méditer.

Quand je me suis levé pour partager, cela a débloqué quelque chose dans leur cœur. Dieu confirmait en eux, à travers moi, que l'appel de Kingdom Builder était pour eux.

Depuis, Henry a voyagé avec moi dans toute l'Amérique et l'Europe. Il a porté mes sacs, m'a écouté parler et s'est assis avec moi dans des centaines de tête-à-tête.

Ce que j'aime chez Henry c'est qu'il aime apprendre. Je ne peux même pas compter le nombre de fois qu'il a entendu mon histoire, mais je le vois là, toujours en train de prendre des notes sur son téléphone.

Je crois sincèrement que Dieu a appelé d'autres Henry Brandt. Des hommes et des femmes qui mettent Dieu au premier plan dans tous les domaines de leur vie. Qui ont franchi la ligne. Qui se rapprochent chaque jour un peu plus de Dieu.

Henry m'appelle l'un de ses meilleurs amis dans la vie. Je l'appelle un "frère en Christ qui comprend".

Il est un exemple pour son église à Stockholm. Et, parce qu'il comprend, ils comprennent. C'est l'une des raisons pour lesquelles Kingdom Builder à Stockholm se développe plus rapidement que partout ailleurs dans le monde.

J'appelle aussi Henry « mon protégé ». Mais la vérité est que Dieu se lève et appelle les hommes et les femmes de toute la planète à défendre la cause du Christ dans l'Église locale.

Je crois sincèrement qu'il y a des Henrys partout.

Aujourd'hui, j'ai des hommes et des femmes dans le monde entier qui me supplient de relever le défi de ne pas seulement être des Kingdom Builders en donnant régulièrement, mais aussi, comme moi, d'élever la prochaine génération de Kingdom Builders à travers le monde.

UNE LETTRE OUVERTE AUX PASTEURS DU MONDE

———

Cher Pasteur,

Votre église attend que vous alliez chercher les âmes perdues, que vous transmettiez la vie et que vous fassiez trembler la terre – c'est ce que vous avez été appelé à faire ! Elle est impatiente de se rallier à votre vision divine pour faire avancer le Royaume au-delà de ce que vous pouvez demander, penser ou imaginer.

Une poignée de vos membres attendent impatiemment et prient désespérément pour avoir une opportunité de grandir, d'être défiés et mobilisés. Une opportunité d'être appelés à donner, à aller, à prier et à diriger.

Oui, leurs yeux sont rivés sur vous. Ils vous observent pour voir si vous êtes celui que vous dites être. Et que vous ferez ce que Dieu vous a appelé à faire. Ils veulent savoir si vous êtes authentique. Ils veulent voir ce que vous allez faire en premier. Si vous voulez...

Servir d'abord.

Donner d'abord.

Rêver d'abord.

Prier d'abord.

Allez en premier.

Et ils y croient vraiment et veulent devenir « complètement impliqués ». Ils y croient vraiment !

Mais, ils attendent.

Oui, ils attendent d'être mis au défi par une vision divine qui les appelle à donner le meilleur d'eux-mêmes et de ce qu'ils croient possible. Ils attendent d'être appelés à la vie sur le fil du rasoir. La vie du royaume.

La vie dont ils ont entendu parler dans les Écritures. La vie que vous prêchez semaine après semaine.

La vie abondante que Dieu promet encore et encore dans les Écritures.

Mais ils ont besoin que vous leur donniez une vision de l'endroit où Dieu appelle votre église.

Ce à quoi ressemble votre vision pour eux en tant que communauté de croyants, « Complètement impliqués ». La grande vision audacieuse qui vous effraie.

Vous savez. Celle pour laquelle vous avez abandonné votre vie. Celle dont vous êtes appelé à faire partie. Cette vision divine qui est là, dans vos rêves et vos aspirations les plus folles. Celle qui exige de Dieu qu'Il se manifeste et se manifeste encore. Cette vision dont vous avez trop peur de la raconter à voix haute.

Le fait que vous jouiez petit ne fait de bien à personne. Surtout votre famille de l'église. Votre incapacité à rêver grand les pousse à jouer petit, eux aussi. Ils tournent autour de la vérité sur la pointe des pieds, parce que vous le faites.

Ne laissez pas votre ego se mettre en travers de leur chemin.

Ne laissez pas votre manque de foi vous paralyser. Ne

laissez rien, petit ou grand, vous arrêter.

Faites tout ce qu'il faut pour entendre Dieu. Pour rêver avec Lui. Pour voir le potentiel qu'Il voit. Pour conquérir le cœur des personnes qu'Il vous a confiées.

Ne reculez pas. Ne jouez pas petit.

Ne gaspillez pas un autre dimanche. Un autre sermon. Un autre moment.

Mettez-vous à genoux. Ouvrez votre cœur. Et demandez l'impossible.

Puis rapportez à votre congrégation ce que Dieu vous a dit. Transformez cette vision en réalité. Appelez-les à donner leur meilleur. Et invitez-les à se joindre à vous pour faire de ce rêve divin une réalité.

Votre peuple attend. Dieu attend.

Et, au fond de vous, vous attendez. Le moment est venu.

Arrêtez de tergiverser et commencez à croire.

Vous avez été appelé à bien plus encore. Pour construire le Royaume. Et pour élever des Kingdom Builders.

Sincèrement,

Andrew & Susan Denton

TROISIÈME PARTIE

LA PRATIQUE

LA FOI EST ÉPELÉE
R I S Q U E

Au fil des ans, j'ai appris que la foi s'écrivait réellement RISQUE. Et par risque, j'entends prendre des risques judicieux. Des risques qui ont du sens, pas des risques stupides.

Le mot hébreu pour « sagesse » signifie littéralement « vivre habilement la vie ».

Donc, quand vous prenez des risques, vous ne devriez pas être stupide à ce sujet. Vous devez utiliser votre tête. Suivez le cœur de Dieu. Et, faites des pas de foi. Mais des pas qui font sens. Les pas de la foi sont à la limite de votre zone de confort. Les pas de la foi ne se limitent pas à vos finances, mais s'étendent à tous les domaines de votre vie.

L'auteur de l'épître aux Hébreux nous parle du risque et des pas de foi :

> Personne ne peut plaire à Dieu s'il ne croit pas. Celui qui s'approche de Dieu doit croire ceci : Dieu existe et il récompense ceux qui le cherchent.

(Hébreux 11:6)

La peur et la foi sont la même émotion. Et la façon dont vous vous approchez de Dieu en dit beaucoup sur ce que vous croyez de Lui.

Croyez-vous vraiment qu'Il se soucie de vous ?

Croyez-vous vraiment qu'Il a vos intérêts à cœur ?

Savez-vous vraiment qu'Il vous répondra ?

Pensez-vous vraiment que toutes Ses promesses vous sont destinées ?

Si c'est le cas, alors vous serez prêt à faire des pas de foi.

Ce que j'ai compris, c'est que vous ne pouvez pas être fidèle si vous avez peur. Je crois que vous ne pouvez pas avoir un peu peur et être fidèle. Un peu peur signifie que vous avez peur.

Il en va de même pour un peu de foi. Vous ne pouvez pas avoir un peu de foi et avoir peur. Ils ne coexistent tout simplement pas.

Vous devez prendre la décision.

Ce n'est pas facile. Mais vous devez choisir.

Vous pouvez avoir peur quand la vie et le diable vous jettent des choses à la figure, mais vous devez avoir une attitude fidèle.

Chaque fois que je rencontre des couples après un événement Kingdom Builders, je leur pose la même question à la fin de notre conversation : « Est-ce que je vous reverrai ? »

Cela m'en dit beaucoup, je peux voir s'ils sont craintifs ou fidèles.

Croyez-moi, je suis passé par là.

Au début, je pouvais parler la « langue des chrétiens » avec les meilleurs d'entre eux. Mais ma foi a toujours eu deux ou trois plans de secours de la part d'Andrew.

J'ai vraiment compris que la vraie foi était en faisant totalement confiance à Dieu. Si Dieu ne se manifestait pas, alors je serais en difficulté.

Pour moi, la première étape a été d'arrêter ma troisième activité. J'allais travailler un tiers de moins pour passer du temps avec ma famille. J'ai fait confiance à Dieu et j'ai cru qu'Il allait bénir cette décision. Et c'est ce qu'Il a fait.

Je ne suis pas sûr de savoir quel est votre premier pas de foi, mais je sais que vous devez le faire.

LE RISQUE RÉEL

Le vrai risque est de vivre sa vie en toute sécurité.

J'ai essayé de vivre cela tous les jours. J'en sais trop maintenant pour jouer la sécurité. J'ai fait l'expérience de la manifestation de Dieu. Encore, et encore, et encore. Je sais à quel point Il est vraiment fidèle. J'en sais aussi trop pour me contenter de surfer chaque jour et jouer avec mes petits-enfants. J'en sais trop pour être aussi égoïste.

C'est pourquoi, Susan et moi prenons encore des risques aujourd'hui. Nous continuons à servir. Nous vivons toujours une vie généreuse.

Nous faisons toujours des chèques. Et je continue à parcourir la planète pour partager ce message de financer le Royaume.

Je ne peux pas jouer la sécurité.

Je ne me soucie plus pour rien.

Je continue à faire des pas de foi. Susan et moi sommes sur le fil du rasoir. Nous n'avons pas peur, nous ne sommes pas anxieux, nous ne sommes pas craintifs.

Je sais ce que je suis censé faire. Toutes mes priorités sont prises en compte. J'ai appris à être efficace.

Si vous voulez vraiment prendre des risques, vous devez être efficace.

J'ai été un lève-tôt la majeure partie de ma vie. J'ai dû faire des choses intentionnellement. J'ai réussi ma journée avant d'avoir pris mon petit déjeuner.

Pourquoi ?

Pour être libre de faire avancer le Royaume. Pour voyager dans le monde avec ce message.

Je crois que Dieu vous appelle aussi à prendre de vrais risques. Et, si vous êtes totalement honnête, vous voulez prendre des risques. Vous voulez faire des pas foi. Vous voulez la vie abondante que Dieu nous promet dans les Écritures ?

Quand je suis devenu un Kingdom Builder, j'ai arrêté de jouer petit et la sécurité. J'ai cessé de travailler, de penser et de vivre dans un esprit de disette. J'ai commencé à prendre des risques sages.

Quand je regarde mon cheminement dans la foi et les risques que j'ai pris, je vois clairement que Dieu m'attendait.

Lorsque j'ai décidé d'arrêter ma carrière de plombier, je suis complètement sorti du jeu de l'autosuffisance. Même si j'avais apprécié le temps que j'avais passé en tant que tel, je savais que j'avais besoin de faire un pas dans la foi vers une autre carrière, celle à laquelle Dieu m'appelait.

Sur une période de six ans, Dieu m'a béni pour avoir brûlé mes plans B. Je ne me suis pas donné d'option de retour. J'étais « complétement impliqué » avec Dieu.

Aujourd'hui, j'ai une totale confiance en Dieu.

Il n'est pas toujours venu au moment où je voulais, mais Il a toujours été à l'heure.

Vous savez, je fais encore beaucoup d'erreurs stupides, mais je prends des risques dans le bon sens. Je fais des pas de foi en croyant que Dieu va se montrer.

Plus je vieillis, plus je me rends compte du peu que je sais, mais ma confiance en Dieu est telle que je ne m'inquiète pas. Je ne fais que croire.

COMMENCE PETIT

Matthieu raconte dans son Évangile l'un des miracles de Jésus :

> « Quand ils furent revenus auprès de la foule, un homme s'approcha de Jésus, se jeta à genoux devant lui et le supplia : Seigneur, aie pitié de mon fils : il est épileptique et il souffre beaucoup : il lui arrive souvent de tomber dans le feu ou dans l'eau. Je l'ai bien amené à tes disciples, mais ils n'ont pas réussi à le guérir. Jésus s'exclama alors : Gens incrédules et infidèles à Dieu ! Jusqu'à quand devrai-je encore rester avec vous ? Jusqu'à quand devrai-je encore vous supporter ? Amenez-moi l'enfant ici ! Jésus commanda avec sévérité au démon de sortir et, immédiatement, celui-ci sortit de l'enfant, qui fut guéri à l'heure même. Alors, les

disciples prirent Jésus à part et le questionnèrent :
Pourquoi n'avons-nous pas réussi, nous, à chasser
ce démon ? – Parce que vous n'avez que peu de
foi, leur répondit-il. Vraiment, je vous l'assure, si
vous aviez de la foi, même si elle n'était pas plus
grosse qu'une graine de moutarde, vous pourriez
commander à cette montagne : Déplace-toi d'ici
jusque là-bas, et elle le ferait. Rien ne vous serait
impossible. »

(Matthieu 17:14-20 BDS)

Le vrai miracle, c'est la foi. Avez-vous vu ce que Jésus
a dit à propos de la foi ?

Si vous en avez, ne serait-ce qu'un tout petit peu, vous
pouvez faire l'impossible.

Les gens viennent me voir tout le temps et me
demandent : « Comment faire un chèque de 1 million de
dollars ? »

Et, vous savez ce que je leur dis ? « Faites d'abord le
chèque de 5'000 dollars. »

Au fil des ans, j'ai rencontré trop de gens qui croient
que lorsqu'ils obtiendront la prochaine promotion ou
qu'ils obtiendront un certain montant pour leurs affaires,
ils deviendront des Kingdom Builders. Et quand ils en
arrivent là, ils ne le font toujours pas, parce qu'ils gagnent
plus d'argent.

Les gens que je rencontre disent souvent : « Je n'ai pas
les moyens de payer la dîme ». Je dis simplement : « Je crois
que vous ne pouvez pas vous permettre de ne pas payer la
dîme. Si on ne peut pas vous faire confiance avec un petit
peu, alors on ne vous en donnera jamais beaucoup ».

Si vous ne payez pas la dîme alors que vous gagnez 100 dollars par jour, comment pourrez-vous le faire alors que vous gagnerez 1'000 dollars par jour ? Cela revient à la peur et à la foi et si vous avez vraiment confiance en Dieu ou non.

Si vous ne pouvez pas être généreux quand vous avez un peu, alors vous ne serez jamais généreux quand vous aurez beaucoup. Ce sera alors trop dur. C'est juste trop dur.

Il faut avoir la maturité. Il faut que vous grandissiez personnellement. Et vous devez commencer maintenant avec ce que vous avez.

Je ne suis pas sûr de ce que l'impossible représente dans votre vie. Je ne sais pas à quels démons vous faites face. Mais j'ai confiance en ce que Jésus a dit dans le passage ci-dessus. Si vous avez juste un peu de foi, vous pouvez tout faire.

Je ne sais pas quel est votre pas de foi, mais Dieu le sait. Le meilleur conseil que je puisse vous donner est d'utiliser ce que vous avez dans vos mains. Faites un pas de foi.

Un homme m'a appelé une fois et m'a dit : « Andrew, je peux prendre un café avec toi ? »

J'ai répondu : « Bien sûr. » C'était un constructeur et je me suis dit qu'on aurait beaucoup en commun.

Nous nous sommes rencontrés et dix minutes après le début de la conversation, il me pose toutes ces questions de base sur la construction. Alors j'ai dit : « Mon pote, en tant que constructeur, tu devrais connaître tout ça. » Il m'a répondu : « Je ne suis pas un constructeur qualifié. J'ai une formation en informatique ».

Je lui ai donc demandé : « Alors, que fais-tu avec une entreprise de construction ? »

Il m'a répondu : « Eh bien, j'ai vu tous ces constructeurs qui gagnaient bien leur vie, alors j'ai acheté une société de construction. »

J'ai répondu : « Mec, je vois tous ces gars dans l'informatique, mais je n'ai pas acheté une société d'informatique. J'aime le steak, mais je n'ai pas acheté de boucherie. Mon pote, qu'est-ce que tu fais ? »

Il a fait faillite. L'herbe avait l'air plus verte là-bas. Et il s'est dit : « Je vais faire ça. » Il a fait un choix stupide. Et il a pris un mauvais risque.

Dieu a donné à chacun de nous des cadeaux. Alors, n'essayez pas de faire ce que les autres font. Faites ce que vous savez faire. Continuez à faire des pas de foi.

Utilisez ce que vous avez dans vos mains.

Vous devez travailler avec ce que vous avez.

Romains 8:28 (BDS) déclare :

> Nous savons en outre que Dieu fait concourir toute chose au bien de ceux qui l'aiment, de ceux qui ont été appelés conformément au plan *divin*.

Vous devez vous demander si vous avez un but. Faites-vous ce que vous êtes censé faire ? Vous devez aimer ce que vous avez à faire.

Je suis dans la construction. J'aime construire des choses. J'aime voir une idée sortir du sol et devenir une chose réelle et tangible. C'est ce que je fais.

Je ne dessine pas ce que nous construisons, parce que je ne suis pas créatif.

Mais si vous me donnez un plan, je peux construire n'importe quoi.

En quoi êtes-vous doué ?

Quels petits pas devez-vous faire ?

Comment faites-vous confiance à Dieu avec ce que vous avez en ce moment ? Ce sont toutes des questions importantes. Des questions de foi.

Des questions de vie.

N'oubliez pas qu'il n'y a pas de « mauvais pas ».

La plupart des gens attendent le moment idéal. Vous vous êtes probablement même dit : « Ce n'est pas le bon moment ».

Vous savez ce que j'ai trouvé ? Il n'y a pas de « bon moment » ou de « mauvais moment ». Faites quand même le pas.

J'ai parfois attendu et c'était une décision stupide. Vous voyez, si Dieu est derrière tout ça, Il va faire en sorte que ça marche. Il peut accélérer les choses quand il faut les accélérer. Et Il peut ralentir les choses quand il faut les ralentir.

Il est Dieu.

Il a le contrôle.

Il vous tient.

Et Il attend que vous fassiez ce petit pas de foi et que vous Lui fassiez confiance avec les dons et les ressources qu'Il vous a confiés.

Qu'attendez-vous ?

ATTAQUÉ, SUR LA BONNE VOIE

La première chose dont vous pouvez être sûr, c'est que si vous faites un pas de foi, vous allez être attaqué. Et c'est une bonne chose, car vous saurez que vous êtes sur la bonne voie.

Le diable ne veut pas que vous fassiez avancer le Royaume.

Le diable ne veut pas que vous deveniez « complètement impliqué » avec Dieu.

Le diable ne veut pas que vous preniez de risques.

Le diable veut que vous soyez à l'aise, satisfait et confortable.

De ce fait, lorsque vous faites un pas de foi, vous vous mettez une cible sur le dos. Susan et moi avons fait cette expérience. Nous avons vécu l'attaque personnellement, physiquement et relationnellement.

Si vous pensez que vous êtes épargné de l'idée d'être éliminé par le diable, c'est le moment où vous êtes sur le point de l'être.

En l'espace de 18 mois environ, j'ai eu quatre accidents. Le dernier a failli me tuer. Des côtes cassées, des doigts cassés, des poignets cassés et un tendon ischio-jambier déchiré plus tard. Je sais que le diable est là pour m'attraper.

À ce moment-là, je me souviens m'être dit : « Et puis quoi encore ? Qu'est-ce qui va suivre ? »

Je savais que j'étais sur la bonne voie parce que le diable essayait de me tuer.

Vous devez comprendre explicitement que le diable déteste quand vous êtes fidèle et qu'il va s'employer activement à vous faire douter de votre foi, de votre vocation à financer le Royaume et des promesses de Dieu.

Les Écritures nous disent que le diable cherche activement à « voler, tuer et détruire » (voir Jean 10:10).

Lorsque vous levez la main pour servir, vous pouvez
être sûr que des douleurs et des difficultés vous attendent.

Mais vous pouvez également être assuré que Dieu est
fidèle à Ses promesses.

1 Pierre 5:8-11 (BDS) parle de l'attaque et de ce que
Dieu fera :

> Faites preuve de modération et soyez vigilants.
> Votre adversaire, le diable, rôde autour de vous
> comme un lion rugissant, qui cherche quelqu'un
> à dévorer. Résistez-lui en demeurant fermes dans
> votre foi, car vous savez que vos frères et sœurs dis-
> persés à travers le monde connaissent les mêmes
> souffrances. Mais quand vous aurez souffert un
> peu de temps, Dieu, l'auteur de toute grâce, qui
> vous a appelés à connaître sa gloire éternelle dans
> l'union à Jésus-Christ, vous rétablira lui-même ; il
> vous affermira, vous fortifiera et vous rendra in-
> ébranlables.
>
> A lui appartient la puissance pour toujours.
> Amen !

Éphésiens 6:11-17 (BDS) nous enseigne comment
combattre le diable lorsque nous sommes attaqués :

> Revêtez-vous de l'armure de Dieu afin de pouvoir
> tenir ferme contre toutes les ruses du diable. Car
> nous n'avons pas à lutter contre des êtres de chair
> et de sang, mais contre les Puissances, contre
> les Autorités, contre les Pouvoirs de ce monde

des ténèbres, et contre les esprits du mal dans le monde céleste.

C'est pourquoi, endossez l'armure que Dieu donne afin de pouvoir résister au mauvais jour et tenir jusqu'au bout après avoir fait tout ce qui était possible. Tenez donc ferme : ayez autour de la taille la vérité pour ceinture, et revêtez-vous de la droiture en guise de cuirasse. Ayez pour chaussures à vos pieds la disponibilité à servir l'Evangile de la paix. En toute circonstance, saisissez-vous de la foi comme d'un bouclier avec lequel vous pourrez éteindre toutes les flèches enflammées du diable. Prenez le salut pour casque et l'épée de l'Esprit, c'est-à-dire la Parole de Dieu.

La vérité. La justice. L'Évangile de la paix. La foi. Et, le Saint-Esprit.

Ce sont nos armes.

Qu'est-ce que la vérité ? La vérité est une personne. Son nom est Jésus.

Et la vérité, ce sont les Écritures, les paroles mêmes de Dieu.

Qu'est-ce que la justice ? La justice, c'est la vie juste.

C'est marcher avec Dieu et être une personne intègre.

Qu'est-ce que l'Évangile de la paix ? L'Évangile est la bonne nouvelle du Royaume. C'est la promesse que Dieu vous rend entier et saint.

Qu'est-ce que la foi ? La foi s'écrit RISQUE. C'est marcher avec Dieu, quoi qu'il arrive, en étant confiant qu'Il est fidèle à Ses promesses.

Et enfin, le Saint-Esprit est vivant en toute personne qui est un enfant de Dieu. Le Saint-Esprit est là pour vous enseigner, vous guider et vous protéger du diable.

Je vous laisse avec les propres paroles de Jésus :

> Jésus leur répond : « Vous croyez maintenant ? Eh bien ! Le moment arrive, et il est déjà là, où vous partirez de tous les côtés, chacun pour soi, et vous me laisserez seul. Pourtant je ne suis pas seul, parce que le Père est avec moi. Je vous ai dit cela pour que par moi, vous ayez la paix. Dans le monde, vous allez souffrir. Mais soyez courageux : j'ai vaincu le monde. »

(Jean 16:31-33)

N'est-ce pas incroyable ? Des difficultés sont promises, mais nous pouvons être assurés que Jésus a conquis le monde.

CONSTRUIRE DANS DES SAISONS INCERTAINES

La fête des mères est différente cette année. Au moment où j'écris ces lignes, le gouvernement de l'État de Nouvelle-Galles du Sud en Australie a mis en place des restrictions en réponse à la pandémie COVID-19.

Les choses peuvent changer très vite dans un délai aussi court.

Je suis passé d'une vie « normale » à une vie où je ne peux recevoir plus de deux personnes chez moi, en plus de ma famille proche. La distanciation sociale et la désinfection des mains sont désormais indispensables.

Les cafés et les restaurants sont fermés. La façon dont nous faisons nos courses a changé. Je dois maintenant obtenir un laissez-passer pour pouvoir prendre des vols intérieurs entre les États australiens. Si mon entreprise de construction n'était pas considérée comme un service essentiel, je ne pourrais pas prendre l'avion du tout.

Les services à l'église sont également différents maintenant. Comme nous ne pouvons plus nous réunir physiquement, nous nous assurons que nos expériences en ligne soient les meilleurs possibles pour servir nos congrégations et au-delà.

La vie se fait désormais via Zoom, les appels téléphoniques et FaceTime.

En février 2020, je me suis rendu dans les locaux de l'église Hillsong au Danemark. Quelques semaines plus tard, j'étais en Norvège et le pays tout entier s'est éteint le lendemain de mon départ !

Le monde entier ressent l'impact sévère des restrictions et les effets secondaires prennent une grande ampleur. Il ne s'agit pas seulement de ma petite bulle à Sydney ou de votre petite bulle où que vous soyez sur le globe.

Cette crise a changé le monde entier d'un seul coup !

L'adoption d'un manque de contrôle nécessite une grande confiance. Si nous devenons tous anxieux, inquiets et préoccupés (tous les autres noms sont des noms de peur), alors le diable a déjà commencé à nous vaincre.

Ne soyez pas effrayés, soyez fidèles !

Le monde entier est victime de la peur en ce moment. La peur de ce qui « pourrait » arriver pousse les gens à prendre des décisions irréfléchies et imprudentes. Nous devons nous appuyer sur les promesses de Dieu et non sur les prévisions incertaines du monde.

Dieu était au courant de cette pandémie avant nous. Il a déjà les réponses. Les meilleures stratégies.

Il est possible de rester « complètement impliqué » même lorsque les circonstances vous disent de tout abandonner.

DIEU SE MANIFESTE TOUJOURS

Nous voulons tous vivre des miracles, mais nous ne voulons pas nous retrouver dans des situations désespérées qui ont besoin d'un miracle. Mais imaginez que Dieu utilise même une pandémie de COVID-19 pour régler d'autres problèmes dans votre vie personnelle, vos affaires et vos finances.

C'est ce qui se produit lorsque Dieu intervient dans une crise ; il fournit des réponses qui sont encore meilleures que ce que nous pouvons imaginer. Voici ce qui est passionnant : j'entends déjà tant d'histoires de miracles au cours de cette saison de la part des Kingdom Builders qui vont pouvoir donner plus que leur engagement actuel ou plus que ce qu'ils n'ont jamais donné auparavant. Un ami de mon Connect Group (groupe de maison) m'a récemment confié que les 18 derniers mois ont été les pires en 20 ans d'activité. Vous pouvez imaginer comment il se sentait !

Malgré tout, son entreprise vient de connaître son meilleur mois d'avril. En fait, avril 2020 a été meilleur que les 12 mois précédents.

> Jésus lui répond : « Je vous le dis, c'est la vérité : si quelqu'un quitte maison, frères, sœurs, mère, père, enfants et champs à cause de moi et de la Bonne Nouvelle, cette personne recevra cent fois plus dès maintenant, dans ce monde. Elle recevra des maisons, des frères, des sœurs, des mères, des enfants et des champs. En même temps, elle souffrira à cause de moi. Et dans le monde qui vient, elle recevra la vie avec Dieu pour toujours. Parmi ceux qui sont les premiers maintenant, beaucoup seront

les derniers. Et parmi ceux qui sont les derniers maintenant, beaucoup seront les premiers. »

(Marc 10:29-31)

Avez-vous l'impression de faire de gros sacrifices en ce moment ? Des problèmes vont survenir, mais ce n'est pas la fin de votre histoire. La question est de savoir qui a la première place dans votre vie ; vous ou Dieu ? Durant les saisons incertaines, nous devons nous rappeler que ce n'est pas une question d'argent, mais d'attitude de cœur. Notre capacité (ce que nous pouvons donner) à être généreux peut changer en cas de crise, mais notre conviction (valeurs et absolus) concernant la générosité reste la même.

Il y a un homme d'affaires que je connais très bien. Il s'appelle Sam. En un instant, 10 semaines de travail ont été mises en attente indéfinie en raison de la pandémie COVID-19.

Sam a partagé comment il a clairement senti que Dieu lui donnait un guide : « Sam, tu vas te sortir de là. » Il a agi sur cette parole au cours des semaines suivantes. Sam a décidé de fournir des services gratuits aux clients tout en continuant à payer ses employés qui étaient à la maison et incapables de travailler.

Je n'oublierai jamais avoir appelé Sam pendant cette période. J'avais besoin de faire des travaux dans mon garage et je voulais lui donner du travail.

« Oui, je vais venir le faire. Mais seulement si je peux le faire gratuitement. » « Quoi ? Je ne t'ai pas demandé de le faire gratuitement, Sam. Je suis capable de te payer et je veux te payer ».

« Oh, je sais que tu peux me payer, Andrew. Mais ce

n'est pas la question. Je veux semer de la générosité. »

J'étais stupéfait. Voilà un homme qui n'avait rien d'autre en vue. Mais il semait encore des graines de générosité en une saison incertaine, croyant que Dieu ferait pousser une future récolte.

> Certains donnent beaucoup et deviennent plus riches. D'autres gardent trop pour eux et deviennent pauvres.
>
> **(Proverbes 11:24)**

Eh bien, Sam a fait l'expérience de la promesse de ce verset. En rentrant de chez moi, il a reçu un appel inattendu. Une offre pour terminer une quantité importante de travail qui devait commencer dans les deux jours, ce qui lui demandait d'employer 15 personnes pour le terminer !

Dieu se manifeste toujours lors des situations de crises. Sam devait d'abord semer des graines. Puis sa générosité s'est transformée en une récolte de possibilités et de provisions miraculeuses.

UNE ÉCONOMIE DIFFÉRENTE

« C'est 25% de plus que le prix demandé ! »

Avant les restrictions liées à la pandémie dans ma région du monde, j'avais une parcelle de terrain que je ne pouvais même pas donner si je le voulais ! Comme une expression australienne le dit si bien : « Ça me brûlait un trou dans la poche » (cela me faisait perdre de l'argent).

Je perdais de l'argent sur cette propriété, mais je

n'avais aucune solution en vue.

Des situations comme celle-ci pourraient me faire peur, mais je dors très bien la nuit. Je sais que Dieu a tout sous contrôle. Ce n'est pas de l'arrogance, c'est la confiance en Dieu dont j'ai parlé précédemment.

Les choses qui, selon la société, devraient vous stresser ne le doivent pas parce que nous vivons dans une économie différente. Revenons à cette parcelle de terrain : au moment où j'écris ces lignes, deux acheteurs potentiels surenchérissent. C'est exact ; pendant une saison mondiale incertaine ! Et en conséquence, je vais potentiellement repartir avec un quart de plus que le prix demandé à l'origine.

Je ne partage pas cela pour me vanter, mais pour vous montrer comment Dieu est capable d'utiliser toute chose pour votre bien. Et quand la provision arrive, elle arrive. Il n'y aura aucun doute que Dieu a mis son grain de sel !

Avoir une confiance divine ouvre la voie aux miracles. Je m'attends à ce que les défis se présentent, mais je m'attends totalement à ce que Dieu s'en occupe, car je fais des choix judicieux et je déclare Ses promesses.

Nous sommes injustement avantagés ; nous pouvons prier pour obtenir la faveur de Dieu et la faveur auprès des gens. Même des personnes les plus inattendues.

> Ce que l'homme de ben laisse derrière lui passe aux enfants de ses enfants, mais la fortune du pécheur est mise en réserve pour le juste.

(Proverbes 13:22 BDS)

Le monde peut dire que tout est sombre, mais nous assisterons à une bénédiction sans précédent pendant et après une crise sans précédent.

Nous finirons par regarder en arrière et par nous rendre compte que nous étions à la bonne place.

LE TEMPS ENSEIGNE ET LA CRISE RÉVÈLE

Ma moustache grise révèle deux choses : Je vis depuis un certain temps et je suis toujours là pour écrire sur ce que je vis.

Le temps m'a appris que je n'y arrive pas seul. J'ai besoin de Dieu. C'est une belle révélation et la meilleure façon de vivre.

Susan et moi avons récemment réfléchi à une autre crise que nous avons traversée il y a plus de dix ans. La crise financière de 2007-2008 nous avait durement touchés. Je me souviens qu'un an plus tard, je me suis littéralement mis à genoux et j'ai crié à Dieu pour qu'Il nous aide.

Il l'a fait, mais pas de la manière que nous attendions. Pas d'argent qui tombe du ciel (ça aurait été génial) ! Il a plutôt utilisé cette crise pour nous préparer aux crises futures.

Je n'ai jamais rien appris quand tout va bien. Dans les bons moments, nous sommes tous des génies. Mais dans les moments difficiles, quand cela vous coûte personnellement, c'est là que vous apprenez les leçons.

Nous avons pu reconnaître les faiblesses de notre modèle d'entreprise et mettre en œuvre des changements qui nous ont aidés et protégés pendant la crise actuelle de COVID-19. En fait, nous sommes de plus en plus forts et nous allons de l'avant en ces temps difficiles.

Était-ce facile en 2008 ? Non ! Est-ce que tout a changé du jour au lendemain ? Bien sûr que non. Mais Dieu a été fidèle. Qu'est-ce que le présent vous révèle ? Qu'allez-vous laisser au temps vous enseigner ?

Apprendre à donner et continuer à donner, pendant les saisons difficiles vous préparent à mieux gérer la prospérité et la bénédiction futures.

Il y a une cause à effet pour tout ce que nous faisons. Lorsque nous choisissons de faire confiance, d'obéir et de faire ces pas de foi, la vision peut se transformer en réalité, même en temps de crise.

Cela peut être difficile à lire : votre caractère, vos motivations et votre manière de penser sont révélés en temps de crise.

La crise révèle ce que vous mettiez déjà en place avant la crise. Si vous étiez imprudent avant une crise, il se peut que votre capacité ou votre aptitude à surmonter les moments difficiles soit limitée. Cependant, si vous avez géré votre entreprise et vos finances de manière saine spirituellement avant la crise, vous serez mieux à même de gérer ce qui est à venir.

Tout revient aux quatre mots dont j'ai parlé plus tôt.

Il s'agit de mener une vie disciplinée.

> Quelqu'un qui accepte les avertissements avance vers la vie. Mais celui qui n'écoute pas les reproches perd son chemin.
>
> **(Proverbes 10:17)**

Voici trois absolus dans ma propre vie, quelle que soit la saison :

Premièrement, je lis ma Bible quotidiennement. Ne sous-estimez pas le pouvoir de la lecture de votre Bible ! Lisez-la en vous attendant, avec conviction, à ce que Dieu vous parle chaque jour.

Je refuse de la poser tant qu'Il ne m'a pas parlé et ne m'a pas donné mon verset quotidien. Je vis ma vie en faisant des pas de foi et, par conséquent, le diable attaque ; j'ai besoin que Dieu me parle chaque jour !

Mon âme a besoin de nourriture tout autant que mon corps a besoin de ses repas quotidiens ! Oui, les autres ressources tels que les livres, les cours, les podcasts ou les sermons sont utiles mais la Bible reste notre base.

Une fois que je reçois ce verset, je le partage. D'abord à ma famille par le biais de notre groupe WhatsApp, puis aux autres. Je le fais depuis un certain temps maintenant et il a affectueusement été appelé « le verset quotidien de Denton ».

Deuxièmement, je prie tous les jours avec Susan. J'adore prier avec elle. Tant de gens sont mariés, mais vivent seuls. Le diable veut séparer les mariages parce qu'il sous-estime la puissance de cette alliance spirituelle.

Si vous n'êtes pas marié, priez chaque jour avec deux autres personnes qui ont la permission d'être totalement honnête avec vous et qui osent vous dire ce que vous devez améliorer.

Soyez responsable et transparent. Partagez avec votre cœur. Ayez d'abord une conversation ouverte, suivie d'une prière. C'est par une communication honnête et ouverte que le Saint-Esprit commence à révéler nos problèmes. Ils déterminent notre façon de prier les uns pour les autres. Nous aurons toujours des défis à relever en tant que Kingdom Builders. Le diable déteste notre vie de foi de ce fait, la prière dresse une haie de protection autour de nous.

Et troisièmement, je me positionne quotidiennement face à mes rêves et objectifs. Et je ne peux le faire que parce que je les ai mis par écrit !

> Alors le Seigneur m'a répondu : « Écris ce que je te fais connaître. Écris-le clairement sur des tablettes, pour qu'on le lise facilement.

> **(Habacuc 2:2)**

Vous devez avoir des objectifs dans tous les domaines de la vie : ministère, affaires, famille, mariage, santé et finances. Il faut avoir une vision claire et avoir des rêves auxquels s'accrocher en cas de crise. Ils vous empêcheront de passer en mode survie.

Sans objectifs écrits, vous ne ferez pas ce qu'il faut pour mener une vie saine et fructueuse.

Le temps nous a enseignés et la crise nous a révélé la chose suivante : être un Kingdom Builder ne consiste pas seulement à construire des choses extérieures pour Dieu. Il s'agit aussi de Lui permettre de construire des choses à l'intérieur de nous-même, dans notre âme.

Notre santé est vitale ; Notre santé physique, mentale, émotionnelle et spirituelle. Que devez-vous faire pour être en meilleure santé ?

Cher ami, je souhaite que tu prospères à tous égards et que tu sois en aussi bonne santé physique que tu l'es spirituellement.

(3 Jean 1:2)

Je n'ai peut-être pas de cheveux sur la tête, mais j'ai choisi de rester jeune d'esprit ! C'est un choix..

LAISSEZ JÉSUS DIRIGER ET SAISISSEZ CETTE VIE EN DIEU

« Andrew, avez-vous un conseil à donner aux Kingdom Builders qui sont dans le pétrin en ce moment ? » Une question vulnérable et sincère posée par une jeune femme, il n'y a pas si longtemps.

C'est ce passage de la Bible que j'ai utilisé pour l'encourager :

> Ensuite, Jésus appelle la foule avec ses disciples et il leur dit : « Si quelqu'un veut venir avec moi, il ne doit plus penser à lui-même. Il doit porter sa croix et me suivre. En effet, celui qui veut sauver sa vie la perdra. Mais celui qui perdra sa vie à cause de moi et de la Bonne Nouvelle, il la sauvera. Si une personne gagne toutes les richesses du monde, mais si elle perd sa vie, à quoi cela lui sert-il ? Qu'est-ce qu'on peut payer en échange de la vie ? »

(Marc 8:34-37)

Jésus nous invite à Le laisser diriger. Cela exige de l'humilité et de l'obéissance.

Recherchez la sagesse, demandez de l'aide, commencez à vous disciplinez quotidiennement ! Ravalez votre orgueil et repentez-vous ; changez de direction ! Il n'est jamais trop tard pour se remettre sur la bonne voie.

J'aime le fait que nous servions un Dieu de grâce. Il faudra travailler dur pour réparer les conséquences de vos mauvais choix, mais vous pouvez encore vous remettre sur la bonne voie.

Il y a eu des moments dans ma propre vie où j'ai dû lever la main, admettre mes erreurs et demander au Seigneur de diriger ma vie. Et puis j'ai dû obéir, que je voie ou non, les résultats de mon obéissance de ce côté de l'éternité. Nous ne nous repentons pas et n'obéissons pas seulement pour obtenir des bénédictions ; nous nous repentons et nous obéissons pour avoir une relation intime et une connexion avec Jésus.

Laissez-moi vous encourager avec mon jargon australien : revenez à Dieu « real quick !» (très vite). Il y a toujours de l'espoir dans une crise. Nous pouvons toujours sortir avec succès d'une période difficile même si nous avons fait des choix peu judicieux.

Mettez de l'ordre dans votre vie. Nous savons tous quoi faire, mais nous ne le faisons pas ! L'important est de le réaliser, de se repentir, d'en tirer la leçon et de continuer à avancer avec Jésus en tête.

C'est là tout l'intérêt du processus de salut : nous ne pouvons rien faire de tout cela par nos propres forces. Nous avons toujours besoin de notre Sauveur, Jésus-Christ.

Alors Jésus dit à ses disciples : « Croyez en Dieu. Supposons ceci : quelqu'un dit à cette montagne : « Va-t'en et jette-toi dans la mer ! » Je vous le dis, c'est la vérité, si cette personne n'hésite pas dans son cœur, mais si elle croit que sa parole va se réaliser, alors Dieu la réalisera. C'est pourquoi je vous le dis : quand vous priez pour demander quelque chose, croyez que vous l'avez reçu, et Dieu vous le donnera. Et quand vous êtes debout pour prier, pardonnez à ceux qui vous ont fait du mal. Alors votre Père qui est dans les cieux vous pardonnera aussi vos fautes. »

(Marc 11:22-25)

« Saisissez cette vie en Dieu. » Si vous menez une vie droite, faites le prochain pas de foi, et ayez confiance en Lui, Il prendra soin de vous. Vous serez alors capable de construire en chaque saison, même dans les plus incertaines.

DES JOURS RÉJOUISSANTS S'ANNONCENT

Cette crise COVID-19 comme toute autre crise, peut rendre les Kingdom Builders plus stratégiques, intentionnels et efficaces. Je ne sais pas pour vous, mais j'utilise maintenant la technologie pour faire certaines choses. Utiliser la technologie était une option avant la crise mais actuellement, c'est notre seule option.

Les installations et les bâtiments ne sont pas ce qui

définissent nos églises. Cette saison incertaine a révélé que nous avons maintenant la capacité, grâce à la technologie, d'atteindre un public plus large pour le message de l'Évangile et la formation de disciples. Nous avons donc la possibilité d'aider beaucoup plus de gens. Et les gens sont plus réceptifs à l'Évangile.

C'est le moment de semer ! Nous ne nous réunissons peut-être pas dans des bâtiments, mais il y a un grand besoin financier lié aux moyens innovants qui émergent d'une crise.

Lorsque notre objectif est centré sur le Royaume, nos oreilles et nos yeux spirituels sont en accord avec le Saint-Esprit et les occasions se présenteront comme une bénédiction.

Nous ne sommes pas seulement appelés à donner lorsque les choses sont sûres. Nous sommes également appelés à construire dans les saisons incertaines.

C'est l'occasion pour les Kingdom Builders d'être généreux, et non de se retirer !

C'EST LE MOMENT DE CONSTRUIRE

Vous avez lu jusqu'ici et je suppose que vous vous demandez ce que vous pouvez faire ensuite ?

Eh bien, mon but en écrivant ce livre était de faire passer le message de ce à quoi ressemble le financement du Royaume.

Ma prière est que ce petit livre fasse le tour du monde, dans toutes les églises, petites et grandes.

Si vous êtes un laïc comme moi, vous devriez directement aller voir votre pasteur et lui faire savoir que vous êtes « complètement impliqué ». Que vous le soutenez. Et que vous allez vous engager à donner au-delà de vos dîmes et offrandes habituelles.

Si vous êtes pasteur et que vous lisez ceci, vous devriez inviter ouvertement tous les membres de l'église à partager la vision que Dieu a déposée sur votre cœur. Ne faites pas de discrimination. Et demandez à Dieu d'élever un Kingdom Builder leader qui soit prêt à partager son histoire.

A vous deux, je dis : « Les vannes sont ouvertes. Dieu attend que vous croyiez. Que vous fassiez le premier pas de foi. »

Pasteur, vous êtes le prêtre appelé à donner une vision. Et, laïc, vous êtes le roi appelé à pourvoir. En travaillant ensemble, vous pouvez faire avancer le Royaume dans votre petit coin du monde.

Vous pouvez lever une armée de Kingdom Builders qui s'engagent à devenir « complètement impliqué » avec Dieu.

Vous pouvez montrer le chemin en étant des leaders serviteurs. En faisant un pas de foi !

Et je crois que la première étape de la foi consiste à rassembler tous les membres de votre congrégation et à partager ce simple message.

Je vous garantis que vous serez surpris de voir ce qui se passera.

Ce ne sera probablement pas celui que vous pensez. Et c'est une bonne chose ! Parce que notre Dieu est un Dieu qui nous surprend en utilisant « les plus petits » et « les plus insignifiants » pour faire avancer Son Royaume. Souvenez-vous : Susan et moi n'étions pas millionnaires quand nous avons fait notre premier chèque. Alors, n'excluez personne.

Pas le commerçant.

Pas le parent célibataire.

Personne.

Faites simplement le premier pas de foi en rassemblant les gens et en partageant la vision et votre engagement à élever des hommes et des femmes pour construire le Royaume.

Je vous encourage à rencontrer des personnes ou des couples après le lancement de l'événement Kingdom Builders. Découvrez ce qui les a le plus interpellés et mettez-les au défi de faire leur premier pas de foi.

Je pose généralement la première question dans mes entretiens individuels. J'ai inclus quelques exemples de questions à la fin du livre pour vous aider à y voir plus clair.

Les vrais Kingdom Builders s'identifieront. Ils lèveront la main. Ils vous chercheront. Alors, soyez prêt à les accueillir !

Votre travail consiste simplement à rassembler les gens, à vous lever et à partager la vision et votre simple histoire d'offrande.

Dieu fera le reste.

Vous pouvez le mettre à l'épreuve et voir s'Il n'est pas fidèle à Ses promesses. S'Il n'ouvre pas les portes du ciel et ne déverse pas tellement de bénédictions qu'il n'y aura pas assez de place pour les stocker.

Je l'ai vu le faire sur tous les continents au cours des 24 dernières années de ma propre aventure en tant que Kingdom Builder.

Je n'ai donc aucune raison de douter qu'Il ne tiendra pas Ses promesses.

La vraie question est de savoir si vous ferez ce premier pas dans la foi. Parce que Dieu vous attend.

KINGDOM BUILDERS CHECKLIST

- ☐ Est-ce que le pasteur a une vision ?

- ☐ Avez-vous identifié un Kingdom Builder pour partager son témoignage ?

- ☐ Avez-vous fixé une date pour le lancement ?

- ☐ Avez-vous fait assez de publicité auprès des personnes intéressées ?

- ☐ Avez-vous prévu des créneaux horaires de 30 minutes pour rencontrer personnellement les participants ?

- ☐ Avez-vous créé des cartes d'engagement pour les Kingdom Builders afin que les gens puissent écrire leurs engagements de dons ?

- ☐ Avez-vous prévu un week-end spécial pour honorer et investir dans vos Kingdom Builders ?

- ☐ Avez-vous partagé ce livre avec au moins 10 personnes (le noyau du noyau) de votre congrégation et leur avez-vous demandé de prier pour l'événement ?

- ☐ Vous êtes-vous personnellement engagé à donner au-delà de vos dîmes et offrandes habituelles ?

EXEMPLES DE QUESTIONS INDIVIDUELLES

1. Qu'est-ce qui vous a le plus marqué lors de l'événement Kingdom Builders ?

2. Êtes-vous spirituellement sur la même longueur d'onde que votre conjoint(e)/fiancé(e) ?

3. Qu'est-ce qui vous empêche de devenir « complètement impliqué » avec Dieu ?

4. Vivez-vous une vie craintive ou fidèle ? Pourquoi ?

5. Qu'attendez-vous de Dieu suite à cette simple invitation ?

6. Priez-vous quotidiennement avec votre conjoint(e) ?

7. Si vous êtes célibataire, avez-vous deux autres personnes de Dieu avec lesquelles vous pouvez prier chaque jour ?

8. Avez-vous des objectifs et des rêves écrits pour votre vie ?

9. Lisez-vous votre Bible TOUS LES JOURS ?

REMERCIEMENTS

———

Mon Seigneur et Sauveur, Jésus-Christ - le bâtisseur ultime de son Église et de ma vie. Merci, Pasteurs Brian et Bobbie Houston, pour votre leadership qui m'a permis de découvrir et de réaliser mon but. Un grand merci à Steve Knox de m'avoir aidé à mettre par écrit le message de ma vie. Celina Mina - merci beaucoup d'avoir fait de ce livre une réalité. Merci, Karalee Fielding, pour tes commentaires et ta direction. Tim Whincop - tes conseils dans les nuances ont été inestimables - merci. Je suis très reconnaissant, Nathan Eshman, pour tes compétences en son lors de la production de la version audio de ce livre. Tony Irving - merci d'avoir offert ta magie photographique qui a permis de mettre mon visage sur la couverture. Merci, Mike Murphy, de m'avoir poussé à écrire le cheminement et le message des Kingdom Builders. Enfin, ma famille et les nombreux amis qui m'ont accompagné tout au long de ce voyage. Je vous en suis très reconnaissant.

À PROPOS DE L'AUTEUR

———

Andrew Denton est un chef d'entreprise prospère et un ancien de longue date de l'église Hillsong. Il a parcouru le monde en partageant un message simple : inspirer les pasteurs et leurs congrégations à vivre une vie à un autre niveau et à financer le Royaume. Il a également élevé trois merveilleux enfants craignant Dieu aux côtés de sa magnifique épouse, Susan. Enfant, il voulait être surfeur professionnel et voyager à travers le monde ; Dieu a répondu à l'une de ces prières. Quand Andrew n'est pas en train de faire du vélo, d'envoyer le Verset Quotidien Denton par SMS aux leaders de la planète ou de boire un café, vous pouvez le trouver en train de passer du temps avec ses petits-enfants chez lui à Sydney, en Australie. Social, honnête et direct, l'approche d'Andrew sur le ministère et la vie n'est rien de moins qu'inspirante. Ses conférences ont eu un impact sur des milliers de croyants dans le monde entier. C'est pourquoi les vérités que vous trouverez dans ces pages vous mettront au défi de devenir un Kingdom Builder et de changer à jamais votre façon de servir Dieu.